“十三五”国家重点图书出版规划项目

新理念

绿色创新与转型发展

彭文斌 邝嫦娥◎著

湘潭大学出版社

图书在版编目（CIP）数据

新理念 : 绿色创新与转型发展 / 彭文斌, 邝嫦娥著.
-- 湘潭 : 湘潭大学出版社, 2020.12
ISBN 978-7-5687-0532-5

Ⅰ. ①新… Ⅱ. ①彭… ②邝… Ⅲ. ①绿色经济一经
济发展一研究一中国 Ⅳ. ① F124.5

中国版本图书馆 CIP 数据核字（2020）第 267614 号

新理念：绿色创新与转型发展

XINLINIAN：LÜSECHUANGXIN YU ZHUANXINGFAZHAN

彭文斌 邝嫦娥 著

策划编辑：蒋海文 姚海琼
责任编辑：廖文婷 罗 联 王晓园
封面设计：何 健
出版发行：湘潭大学出版社
社 址：湖南省湘潭大学工程训练大楼
电 话：0731-58298960 0731-58298966（传真）
邮 编：411105
网 址：http://press.xtu.edu.cn/
印 刷：长沙鸿和印务有限公司
经 销：湖南省新华书店
开 本：710 mm×1000 mm 1/16
印 张：10.25
字 数：182 千字
版 次：2020 年 12 月第 1 版
印 次：2020 年 12 月第 1 次印刷
书 号：ISBN 978-7-5687-0532-5
定 价：49.00 元

本书是2021年度国家出版基金资助项目“跨越发展与现代化经济体系建设”系列丛书之一，也是国家自然科学基金面上项目“空间异质性视域下环境规制对绿色创新的影响效应与调控路径研究”（项目批准号：42071161）的阶段性成果。

前　言

长期以来“重发展、轻保护”的理念使得我国陷入“经济一环境”怪圈，打破经济发展与环境保护囚徒困境是有效跳出“经济一环境”怪圈的关键。十九大报告提出“绿色、创新、协调”的新发展理念，同时也做出了要高质量转型发展的重要论断。在新时代背景下，绿色创新是生态文明建设的重要抓手，也是助力经济转型发展的重要引擎。有效界定绿色创新与转型发展的内涵，把握两者的内在理论逻辑，探索绿色创新如何来驱动经济转型发展，无疑是紧扣时代脉搏，蕴含着深刻的理论价值和现实意义。彭文斌教授及其研究团队经过多年的倾力合作，撰写出《新理念：绿色创新与转型发展》一书。这是一本非常有价值、有见地的学术专著。作为老师，我谨以此前言向彭文斌教授及其研究团队表示祝贺，并向广大读者推荐此书。

全书共分为10章，从新兴古典经济学和新经济地理学两个经典理论出发，系统探索绿色创新与转型发展的内在联系，揭示了绿色创新驱动转型发展的内在逻辑和机理，并有针对性地提出了政策建议。该书的主要内容包括：(1) 理解和把握我国绿色创新和转型发展的基本内涵，分析绿色创新和转型发展的时空演变。(2) 从新兴古典经济学和新经济地理学理论出发，从不同视角探索了绿色创新影响转型发展的机理。(3) 在理论研究基础之上，利用中国省域面板数据和城市面板数据，分别以面板门槛模型和空间计量模型对我国绿色创新影响转型发展的机理进行实证检验。(4) 提出了转型发展的政策建议。

本书作为研究绿色创新与转型发展专门的著作，其中不乏许多特色和创新，其学术价值主要表现在：（1）丰富了绿色创新和转型发展理论。本书基于新兴古典经济学理论，构建分工演进促进绿色创新深化进而驱动转型发展的新兴古典理论模型，将分工创新性地引入绿色创新和转型发展的理论分析框架。（2）完善了绿色创新影响转型发展的空间效应相关理论。本书基于新经济地理学理论，首先，从城市内、城市间以及城市总体三个层面分析了绿色创新影响转型发展的理论机制，把握绿色创新影响转型发展的城市空间效应；其次，构建了绿色创新对转型发展的新经济地理理论模型，创新了绿色创新与转型发展在新经济地理领域的应用。（3）融合了综述性研究和实证研究方法。本书在理论分析的基础上，开展了绿色创新转型发展效应的实证分析，为多渠道、多领域和多类型的实证检验提供了参考。此外，理论模型与不同计量模型的综合运用，进一步深化了经济学理论和跨学科方法在经济学问题上的应用，为加强学科交叉的综合应用提供了借鉴。其应用价值主要体现在：（1）为政府出台相关政策提供了参考。通过绿色创新政策的制定、实施和应用，有利于政府机构、企事业单位对绿色创新实践中遇到的问题进行反思、检讨和改进，有助于环境保护机构丰富和完善绿色创新政策种类，提升政策的精准性和有效性。（2）有利于加强公众环保意识，提升环境质量。通过广泛宣传和劝导，使人民群众了解绿色创新的内涵，有利于人民群众重视环境保护、形成环保观念、树立环保意识；同时有利于企业使用绿色能源和绿色技术、开发绿色产品，倒逼企业节能减排，保护环境。（3）加强了政策的精准性和有效性。通过绿色创新政策的制定、实施和应用，有利于政府机构、企事业单位对绿色创新实践中遇到的问题进行反思、检讨和改进，有助于各个环境保护机构丰富和完善绿色创新政策种类，提升政策的精准性和有效性。

通观全书，我感叹彭文斌教授及其研究团队对这部专著的心血之巨，也从中受到不少有益启发，希望我们能够在这一研究领域进一步交流、探讨与合作。尽管书中的某些方法和数据还有待进一步完善和检验，但全书充分体现了彭文斌教授及其团队严谨的治学态度和对经济学锲而不舍的钻研精神，是一部研究绿色创新领域的高品质的学术著作，值得相关研究领域的专家和学者一读。

引　言

改革开放以来，我国经济高速增长，创造了世界瞩目的经济奇迹，但同时也带来了严重的生态环境问题，成为新常态背景下转型发展的重要阻碍。习近平总书记指出："创新是引领发展的第一动力，是建设现代化经济体系的战略支撑。转型发展要靠创新，我们国家再往前发展也要靠创新。"同时，转型发展也要靠绿色，因为绿色发展是推进美丽中国建设的基础，是加快转型发展的重要引擎。

基于此，本书作者选择学术界长期关注的"绿色创新"和"转型发展"问题，贯彻"绿色""创新"两大新发展理念，从新兴古典经济学和新经济地理学两个经典理论出发，系统探索绿色创新与转型发展的内在联系，旨在揭示绿色创新驱动中国经济转型发展的内在逻辑和影响机理。这对于我国"两个一百年"奋斗目标的实现，进而推动我国由"富起来"到"强起来"的转变，将经济发展的注意力切实由"GDP崇拜"的经济增长观转变为转型发展观具有重要的理论和现实意义。

本书的具体内容包括如下几个方面：(1) 在系统梳理国内外绿色创新和转型发展相关文献的基础上，分析了与绿色创新和转型发展相关的经济学理论，如"波特假说"、技术创新理论、经济增长理论、发展经济学理论、可持续发展理论、经济转型发展理论等，从中挖掘研究绿色创新与转型发展的思想之源。此外，鉴于现有文献普遍遗漏"分工演进"和"空间溢出"影响这一事实，本书选择新兴古典经济学和新经济地理学作为分析范式，剖析绿色创新驱动转型发展的内在逻辑。(2) 从绿色创新与转型发展的内涵出发，分别从省域与城市两个方面构建了绿色创新与转型发展的评价指标体系，并采用熵权法、因子分析法以及SBM-DEA等方法与模型对绿色创新与转型发展进行了测度，使用Arcgis15.0软件对绿色创新与转型发展的时空演变进行了详细分析，分析了绿色创新与转型发展的现状，并对绿色创新与转型发展的相关性进行了检验。(3) 运用新兴古典经济学范式解析分工演进、绿色创新与转型发展之间的内在联系，提出了绿色创新驱动转型发展的理论分析框架，并构建中间产品生产最终产品的超边际模型，将绿色创新驱动转型发展的事例形式化，进一步厘清绿色创新的转型发展效应，分析两者之间存在的非线性关系。(4) 运用新经济地理学范式解析城市绿色创新与转型发展之间的内在联系，提出城市绿色创新驱动转型发展的理论分析框架；并构建了绿色创新与转型发展的新经济地理理论模型，从空间层面分析绿色创新对转型发展的空间效应。(5) 构建绿色创新对转型发展的Hansen面板门槛模型和空间杜宾计量模型，分别运用中国省域数据和城市数据对绿色创新驱动转型发展的非线性关系和空间效应进行实证检验。

本书的研究结论包括：(1) 从绿色创新与转型发展的时空演变结果来看，在2001—2008年，绿色创新水平呈现缓慢增长态势，在2009—2018年，绿色创新水平开始加速上升；在2001—2018年期间，我国大多数省级行政区的转型发展水平都出现了不同程度的下降，我国城市的转型发展呈现明显的“连片集聚”态势，具有典型的区域性特征。(2) 从新兴古典经济学的理论研究结果来看，分工深化主要从技术创新和绿色发展两个方面发挥作用，分工结构演进引起的技术创新与黑色分工转向绿色分工引致的绿色发展形成合力，协同推进绿色创新目标的实现，而绿色创新在解决社会主要矛盾、适应经济发展阶段、引领全球化进程等方面发挥重要作用，从而对转型发展具有显著促进作用。(3) 从新经济地理学的理论研究结果来看，城市绿色创新可以通过融合绿色发展与创新驱动实现环境效益和经济效益双赢，促进城市转型发展，这是现阶段打破传统黑色发展模式转型发展的基本路径。同时，在空间知识溢出传导下，绿色创新对相邻其他城市转型发展水平也具有显著促进作用。总体上，绿色创新会在空间上形成合力，通过城市空间效应助推经济转型发展。(4) 从新兴古典经济学的实证研究结果来看，绿色创新对转型发展具有显著促进作用，但绿色创新对转型发展水平的贡献率存在阈值，且受分工发展水平的影响，绿色创新对转型发展水平发挥作用并非单一线性的，而是随着分工水平的高低表现出分段特征，绿色创新对转型发展水平在低等分工水平下的促进作用较强，在中等分工水平下促进作用减弱，当达到高等分工水平时促进作用最强且最为显著，其他控制变量也不同程度地对转型发展水平产生影响。(5) 从新经济地理学的实证研究结果来看，转型发展水平呈现出显著的空间关联性，一个地区转型发展水平的提升受到相邻其他城市转型发展水平空间溢出效应影响，且该效应表现为显著的正向促进作用。此外，这种空间正相关性表现出波动式增长趋势，局域自相关检验中的莫兰散点图分布情况也佐证了此结论。从城市内部层面来看，绿色创新依托绿色发展与创新驱动两条途径对转型发展水平具有显著促进作用。从城市间层面来看，绿色创新依托知识溢出效应在空间维度上的传导对相邻城市的转型发展水平具有促进作用，但这个促进作用并不明显。

目　　录

第1章　绪　论

1.1　研究背景及价值

1.1.1　研究背景

改革开放40多年来，我国社会经济面貌发生了翻天覆地的变化。我国名义国内生产总值（GDP）从1978年的3645亿元攀升至2019年的99万亿元，经济发展各个方面都取得了骄人的成就，接下来的目标是要实现中华民族伟大复兴的“中国梦”。然而，我国经济快速增长的背后也存在隐忧，长期实施的粗放型增长方式虽然带来了经济的快速增长，但消耗的能源巨大，对生态环境造成的污染也非常严重，这些均给我国今后的发展带来巨大压力。此外，当前国内外的经济发展形势和条件决定了粗放式的经济发展方式是不可取的，必须走经济与环境相协调的发展路径。习近平总书记指出：“我们既要绿水青山，也要金山银山。宁要绿水青山，不要金山银山，而且绿水青山就是金山银山。”也就是说，在国内经济发展进入新常态的背景下，党中央坚定不移推动转型形成绿色发展方式，完善生态文明制度体系，努力形成节约资源和保护环境的空间格局、产业结构、生产方式，开创了社会主义生态文明新时代。以上论述的目标具有通盘的全局性和持续性，这个战略目标的达成需要全国的一致行动。然而，经济发展方式的转型不会自我实现，也不会单纯地依靠市场所谓的调节机理达成，而是需要国家和管理部门的积极参与。本书选择学术界长期关注的“绿色创新”和“转型发展”问题，研究目的是通过时空演变、理论研究与实证分析等方式，深入揭示绿色创新影响转型发展的内在逻辑，把握现阶段我国省域、城市绿色发展与转型发展的现状。这对于我国“两个一百年”奋斗目标的实现、进而推动我国由“富起来”到“强起来”的转变具有应有之义。

1.1.2 研究价值

当前我国的经济增长开始步入新常态，经济增长趋势逐渐由高速增长转变为中高速增长，发展方式由规模速度粗放型增长转向质量效率型集约增长。传统粗放型的经济增长模式无法持续下去，要加快实现经济增长方式的转变，引导产业结构优化、调整和升级。然而，现阶段我国的经济增长动能不足，完全依赖市场本身的力量很难实现上述目标。因此，研究绿色创新政策对发展绿色技术、绿色能源，推进产业结构转型升级，加速实现我国经济的转型发展具有重要的理论价值和丰富的现实意义。

（1）理论价值

第一，本书基于新兴古典经济学理论，运用新兴古典经济学范式解析分工演进、绿色创新与转型发展之间的内在联系，提出了绿色创新驱动转型发展的理论分析框架，并构建中间产品生产最终产品的超边际模型，将绿色创新驱动转型发展的事例形式化，进一步厘清绿色创新的转型发展效应，分析两者之间存在的非线性关系，进一步丰富了绿色创新和转型发展的理论。

第二，本书基于新经济地理学理论，运用新经济地理学范式解析城市绿色创新与转型发展之间的内在联系，提出城市绿色创新驱动转型发展的理论分析框架，并构建了绿色创新与转型发展的新经济地理理论模型，从空间层面分析绿色创新对转型发展的空间效应，进一步完善了绿色创新影响转型发展的空间效应相关理论。

第三，本书融合了综述性研究和实证研究等方法，为多领域、多视角和多层次的时空演变的定量研究提供了新思路。以此为基础开展绿色创新的转型发展效应实证分析，为多渠道、多领域和多类型的实证检验提供了可能的参考范式。此外，理论模型与不同计量模型的综合运用，进一步深化了经济学内部理论和跨学科工具方法在具体经济学问题上的研究策略，为加强学科交叉的综合应用研究提供了理论借鉴。

(2) 应用价值

第一，通过广泛宣传和劝导，使人民群众了解绿色创新的内涵和作用，有利于人民群众重视环境保护、形成环保观念、树立环保意识；同时，有利于企业使用绿色能源和绿色技术、开发绿色产品，倒逼企业进行节能减排、保护环境。

第二，通过绿色创新政策的制定、实施和应用，有利于政府机构、企事业单位对绿色创新实践中遇到的问题进行反思、检讨和改进，有助于环境保护机构丰富和完善绿色创新政策种类，提升政策的精准性和有效性。

第三，通过绿色创新政策的实施，引导资金从高能耗、高污染、产能过剩产业流向有利于环境保护的产业，从而提高了经济发展的绿色效益，有利于推动我国经济步入高质量转型发展轨道。

1.2 研究思路、方法和内容

1.2.1 研究思路

本书沿着时空演变一理论研究一实证检验一政策建议的逻辑思路。第一，理解和把握我国绿色创新和转型发展的基本内涵，分析绿色创新和转型发展的时空演变；第二，从新兴古典经济学和新经济地理学理论出发，分别从非线性以及空间两个层面探索绿色创新影响转型发展的内在机理；第三，在理论研究基础之上，利用中国省域和城市面板数据，分别以面板门槛模型和空间计量模型对我国绿色创新影响转型发展的机理进行实证检验；第四，得出绿色创新影响转型发展的结论，并在此基础上，提出合理的、具有可操作性的绿色创新促进转型发展的政策。研究技术路线见图 1.1。

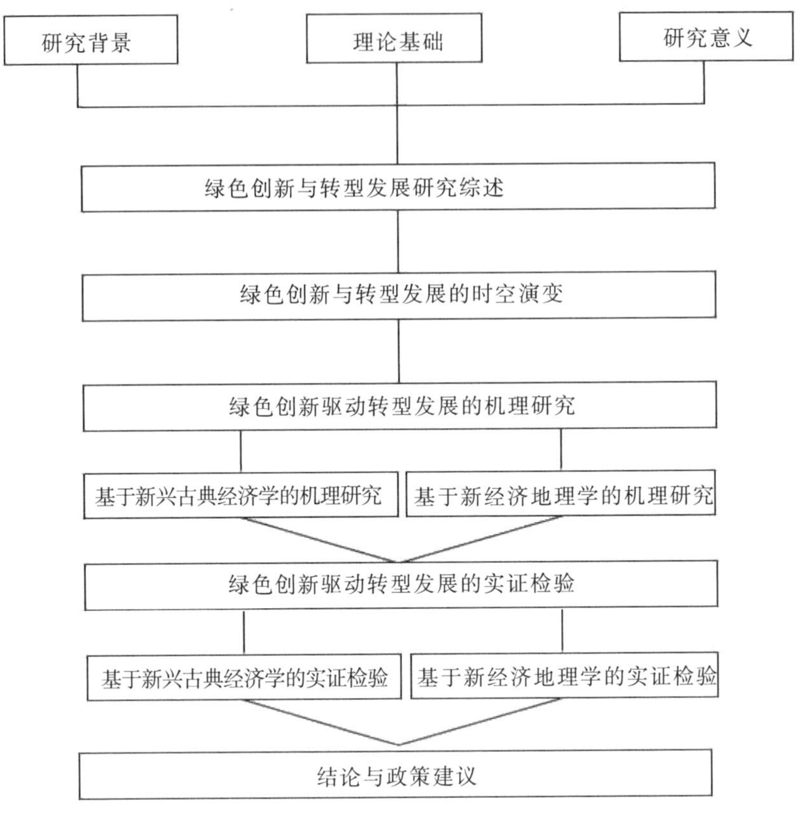

图 1.1　研究技术路线

1.2.2　研究方法

本书分别应用动态分析和静态分析、实证分析和规范分析、演绎和归纳、定量与定性、文献研究等分析方法，并辅助以新古典经济学、新兴古典经济学、新经济地理学以及计量经济学等基本理论与方法，对绿色创新驱动转型发展展开系统研究，具体研究方法如下：

（1）动态与静态相结合的分析方法。本书通过图、表，应用动态分析方法研究中国省级行政区以及城市绿色创新和转型发展的时空演变，而在对绿色创新与转型发展进行测度时则采用了静态分析方法。

（2）实证和规范相结合的分析方法。本书归纳总结分工发展影响转型发展的机理，提出转型发展的理论框架，并运用新兴古典超边际理论模型从超边际决策视角剖析绿色创新的转型发展效应。此外，本书还对马克思主义政治经济学和新兴古典经济学进行了融合，应用到评价思想、评价维度、评价方法和评价指标的确定上，采用了主成分分析法进行综合指数计算。

（3）演绎分析方法。本书从基本概念、理论基础、文献梳理等理论研究方面，以及时空演变、实证检验等应用研究方面进行整理、归纳，分析国内外现有研究文献，并根据对转型发展研究得出的结论，应用演绎分析法给出相应的政策建议。

（4）文献研究方法。本书在研究过程中，查阅了许多国内外文献资料，对当前的研究观点作了系统的总结和回顾，分析了现有文献存在的局限性，进而提出本书的研究动机和研究问题，厘清了绿色创新对转型发展的作用机理和影响路径，为后续模型设定和机理分析提供了理论依据和改进方向。

（5）超边际分析方法。本书在研究过程中，借鉴杨小凯（1999）在新兴古典经济学中提出的超边际分析方法，分析分工演进促进绿色创新深化，进而驱动转型发展的机理。

（6）计量模型方法。本书在研究过程中，应用了 Hansen（1999）门槛模型思想，检验了省域绿色创新与转型发展之间的门槛效应。此外，还应用了空间杜宾计量模型思想，检验了城市绿色创新和转型发展之间的直接效应、间接效应以及总效应。

1.2.3　研究内容

基于本书的研究思路和总体框架，共分为 10 章，结构和主要内容如下：

第 1 章是绪论。主要探讨本书的研究背景及价值、研究思路与方法、基本概念、主要内容以及本书的主要创新之处。特别分析了与本书研究密切相关的两个基础概念，即对绿色创新与转型发展进行了界定。

第 2 章是文献综述。主要探讨绿色创新与转型发展的国内外文献。分别从国内和国外两个角度梳理了学术界关于绿色创新和转型发展方面的相关研究文献。文献梳理发现，国内外针对绿色创新驱动转型发展的理论分析和实证研究均较为缺乏，特别是立足于分工演进视角和空间效应视角的研究更为少见，这为本书进一步的研究提供了空间。

第 3 章是绿色创新与转型发展的理论基础。主要研究绿色创新与转型发展的相关理论。分析了与绿色创新有关的“波特假说”、技术创新理论，与转型发展有关的经济增长理论、发展经济学理论，与绿色创新和转型发展相关的可持续发展理论与经济转型发展理论。

第 4 章是绿色创新与转型发展指标体系构建。主要设计绿色创新和转型发展的分析框架，从科学性、系统性、典型性、可操作性以及独立性与协同性相结合等五个方面设计指标体系构建原则，然后对省级行政区绿色创新与转型发展指标体系、城市绿色创新与转型发展指标体系进行了系统分析。

第 5 章是绿色创新与转型发展的时空演变。分别从省域视角和城市视角系统分析了绿色创新和转型发展的时空演变以及相关性。

第 6 章是基于新兴古典经济学的绿色创新与转型发展的理论研究。主要从新兴古典经济学理论视角研究绿色创新对转型发展的分工影响机理。基于新兴古典经济学理论分析范式，构建分工演进促进绿色创新进而驱动转型发展的分析框架，探索分工演进、绿色创新、转型发展三者之间的内在机理。

第 7 章是基于新经济地理学的绿色创新与转型发展的理论研究。主要从新经济地理学视角研究绿色创新对转型发展的影响机理。基于新经济地理学分析范式，以自由企业家模型为基础，结合“冰山”交易理论，构建绿色创新驱动转型发展的分析框架，探索绿色创新影响转型发展的内在机理。

第 8 章是基于新兴古典经济学的绿色创新与转型发展的实证研究。主要利用中国省级行政区面板数据检验绿色创新对转型发展的分工影响机理。基于 Hansen 面板门槛模型思想，以中国省域数据为基础，实证检验绿色创新驱动转型发展的非线性关系。

第 9 章是基于新经济地理学的绿色创新与转型发展的实证研究。主要利用中国城市面板数据检验绿色创新对转型发展的空间影响机理。基于空间杜宾计量模型思想，以中国城市数据为基础，实证检验绿色创新驱动转型发展的空间效应。

第 10 章是结论与政策建议。介绍了本书的主要研究结论，并根据研究结论，提出新时代推动绿色创新驱动转型发展的若干政策建议。

1.3 概念界定

1.3.1 绿色创新

“绿色创新”这一概念最早出现在1996年《驱动绿色创新》一书中，是指那些能在为消费者和企业提供价值同时也降低对环境的不良影响的新产品和新技术。也有学者认为，绿色创新与生态创新基本同义。从研究内容上看，不同学科对绿色创新的研究重点并不相同。虽然以前的学者往往在关于绿色创新的文献上试图从概念角度将“绿色创新”“生态创新”与“可持续的创新”进行区分，但是也有学者指出，这些概念在大多时候与大多数情况下总是在交替使用，核心内涵都是将环境这一重要因素纳入其考量范围。在可持续发展的这个大环境下，“绿色创新”也同样涉及社会和制度等方面。学者诸大建（2011）曾经指出，绿色创新应面向三个方面：经济可持续性发展的科技创新体制、社会可持续性发展的科技与体制创新以及生态可持续性发展的科技与体制创新。Rasi等（2016）则提出，所谓绿色创新，以减少环境破坏为目的，是一种新的生产过程、技术、制度或组织等。还有一些学者在分析了传统技术创新对可持续发展表现出的双重效应之后，对绿色创新进行了新的诠释。他们指出，为了使技术创新能够达到可持续发展的目标，我们需要对绿色创新的概念与相应体系进行一系列必要的整合，以降低对可持续发展的负面作用，提高其正面作用，从而使其尽可能地满足经济、社会和生态环境持续发展的需要。

“绿色创新”不仅涉及创新驱动的含义，还有绿色发展之意，而绿色发展思想的源头可以追溯到“可持续发展”思想。可持续发展这一概念最早是在20世纪70年代中期由沃德提出。1987年，世界环境和发展委员会在《我们共同的未来》这一重要报告中首次将“可持续发展”这一概念引入政治经济等诸多领域，并且对“可持续发展”这一概念的定义进行了详细阐述，即以满足当代人需求为前提，不损害后代子孙的需求，是一种可持续的科学发展状态。可持续发展是一种全新的发展观，涵盖多个学科的内容，如经济、环境和社会等，其内涵至少包括三个方面：一是着重突出了发展与可持续这两个方面，二是着重强调了代际公平这一问题，三是解释了人类社会与自然环境和谐统一与协调发展问题。可持续发展理论着重强调采取集约型生产的经济发展方式，提倡通过走清洁生产和文明消费之路来实现资源节约和污染减少，从而使经济效益提高。国际生态学联合会在20世纪90年代初将可持续发展界定为一种不超越生态系统承载能力，使其一直具有再生能力的发展。《可持续生存战略》（1991）一书认为可持续发展最重要的是正确认识人与自然之间的关系。

鉴于绿色创新兼具绿色发展和创新驱动两大要求，本书将绿色创新界定为在绿色发展理念和创新理念指引下，以减少环境污染并且提高对资源的利用效率为目的，所采取的一系列资源节约、环境友好的创新活动。

1.3.2 转型发展

分析转型发展必须明确界定经济发展的含义。经济发展，一般是指国家摆脱贫困落后的面貌，并且逐步实现经济现代化和生活方式现代化的一系列过程。本书所研究的转型发展意指高质量转型发展，与经济转型发展同义，意味着经济规模的逐步扩大、经济结构得到优化、经济效率得到提高、人们生活质量得到改进、社会得到发展。总体来说，经济转型发展具有如下三层含义：①经济规模的提升。用来表示一个国家或地区产品和劳务总量的增加，为经济发展提供物质基础。②经济结构的优化与经济效率的提高。经济结构的优化包括技术层次结构的优化、产业结构的优化、收入分配与再分配结构的优化、消费结构的优化、人口年龄结构的优化等经济结构的变化。③经济质量的改善和居民生活质量的提高，用来表示一个国家经济稳定增长、经济效益提高、居民健康状况改善、自然环境得到保护和生态达到平衡等一系列现代化进程。总之，经济发展与经济增长不同，经济增长更多的是强调经济总量的增长，主要强调的是物质基础，而经济发展涵盖了政治、经济、文化和社会生活等方方面面，内涵十分丰富。

可见，与经济增长不同，经济发展除了包含经济增长以外，还包括经济结构与制度结构得到优化、经济质量得到改善。美国著名经济学家金德尔伯格提出，经济发展的定义包括以下几个方面：物质福利得到改善，尤其是贫困线以下人口得到物质福利的改善；贫困人口不断下降，文盲人口以及因疾病而死的人口数不断减少；投入产出结构变化，其中包含由农业向工业的转变；实现在市场的主导下适龄劳动力的生产性就业；实现让具有群体利益基础的社会组织以及利益集团能更多地参与到决策之中，从而增进公众的福利。从以上定义，我们可以发现金德尔伯格提出的定义实际上更倾向于实现公众福利的改善，同时也包括生活质量的改善。我们认为，经济增长并不能简单等同于经济发展，因此，人均产值的提高与收入的增长也不一定就意味着发展。要选取衡量经济发展水平的指标，我们首先要做的是对经济发展和经济增长的概念进行区分。经济增长一般是指一个国家或地区的产品和劳务得到增长，通常以国内生产总值或国内生产总值的人均数值来进行衡量；而经济发展则通常是伴随着经济结构、社会和政治体制等诸多方面变革的经济增长，因此经济发展并不仅仅表现为产品和劳务产出的增长，同时还表现为伴随产品和劳务产出增加而出现的收入产出结构的变化及经济、政治与文化等诸多方面条件的变化。

"转型发展"作为一个经济学范畴，是由习近平总书记在十九大报告上提出来的。从宏观层面理解，转型发展是指经济增长稳定，区域城乡发展均衡，以创新为动力，实现绿色发展，让经济发展成果更多更公平地惠及全体人民。其表现为增长的稳定性、发展的均衡性、环境的可持续性、社会的公平性。从产业层面理解，转型发展是指产业布局优化、结构合理，不断实现转型升级，并显著提升产业发展的效益。包括产业规模不断壮大、产业结构不断优化、创新驱动转型升级、质量效益不断提升。从企业经营层面理解，转型发展包括一流竞争力、质量的可靠性与持续创新、品牌的影响力，以及先进的质量管理理念与方法等。转型发展的最终目标是推动我国经济发展方式的转变，建立现代化经济体系，为实现"两个一百年"奋斗目标、实现中华民族伟大复兴的中国梦构筑雄厚的经济基础。总体来看，推动转型发展，应在继续保持经济发展总体规模优势的同时，不断推动经济发展质量变革、效率变革、动力变革，坚持走绿色均衡发展的新型工业化道路，不断促进社会公平正义，让转型发展成果更公平地惠及全体人民。

1.4　创新之处

一是问题意识的创新。本书以问题为导向，立足当前中国发展中出现的"绿色创新"和"转型发展"两大重点难点问题，进行系统研究，提出解决之道。针对"绿色创新"和经济"转型发展"问题的研究，在已有文献中规范分析的偏多，现象描述的偏多，而深入进行底层理论逻辑分析的文献偏少。本书选择新兴古典经济学分析范式和新经济地理学分析范式，并引入面板门槛模型和空间计量模型等实证分析方法，更加有助于准确揭示问题背后的逻辑。

二是学术观点的创新。基于目前绿色创新驱动转型发展研究中普遍存在的基础理论研究薄弱的现状，本书选用了两个经典的经济学理论进行分析。一方面，以融合了斯密的劳动分工理论与科斯的交易费用理论的新兴古典经济学作为基础，提出了分工视角下绿色创新驱动转型发展的理论分析框架，分析分工视角下绿色创新对转型发展的影响机理，从而在理论逻辑上奠定了分工理论基础，提出中国高质量转型发展的基本出路在于深化分工的结论。另一方面，本书还选择了新经济地理学理论，从空间地理层面分析了绿色创新驱动转型发展的内在机理。因此，本书的理论研究可以弥补现有绿色创新驱动转型发展理论研究中基础理论研究不足的问题。

三是研究方法的创新。目前鲜有文献采用两种尺度和两种理论进行比较研究，系统分析绿色创新影响转型发展的内在机理，而本书分别采用省域尺度和城市尺度数据，实证检验了不同尺度空间绿色创新经济转型发展的影响机理，其结果能够科学地回应全国省域层面和城市层面绿色创新和转型发展之间的互动机理。

第2章　文献综述

绿色创新与转型发展是当今学术界关注的热点话题，研究其相互影响关系具有重要的学术价值和现实意义。本章主要包括四个部分的内容：第一部分从内涵、定义、指标体系以及分布格局等多个方面对绿色创新的相关研究进行了梳理；第二部分从内涵、评价指标体系、分布格局、驱动因素以及实现路径等多个方面对转型发展的相关研究进行了梳理；第三部分从绿色创新与产业结构转型、绿色创新驱动转型发展两个方面对绿色创新与转型发展的相关研究进行了梳理；第四部分从总体层面上对本书的相关研究进行了系统梳理，总结了现有文献的不足。

2.1　绿色创新

2.1.1　国外研究现状

国外对于绿色创新的研究相对较早，相关学者对绿色创新的共识主要包括：绿色创新指的是能够减少对环境影响的创新，无论是有意识还是无意识的。绿色创新涵盖了与绿色产品和绿色工艺相关的硬件或软件创新，包括能源节约、污染预防、污染回收、绿色产品设计及企业环境管理上的技术创新。

Jaffe（1997）首次对绿色创新的概念进行阐述，认为环境创新几乎等价于生态创新，但生态创新的概念比环境创新更广泛，生态创新强调通过“硬件”和“软件”的创新，实现资源节约和环境友好，包括产品生产或服务提供过程中的节约、循环利用、原材料的替代以及健康、安全和环境等。

Blattel-Mink（1998）指出绿色创新包括新产品（环保技术）、新市场和新系统的开发以及在经济战略中引入生态思想。

Kemp 等（1998）认为绿色创新是指利益相关者的所有能够推动（或改善）工艺、产品、技术和管理体系的发展和应用的措施，从而有利于减少对环境的负面影响，实现特定的生态目标。

Norberg 等（1999）把绿色创新局限于通过污染最小化减少对环境的影响。

Beise 和 Rennings（2005）把绿色创新定义为为了避免和降低环境损害，企业采用新的或改良的流程、技术、实践、系统和产品。

Mirata 和 Emtairah（2005）把绿色创新看成是顺应环境改善趋势的创新。

Chen 等（2006）对绿色创新的定义是内容导向的定义，他认为绿色创新等同于绿色产品和绿色工艺的硬件或软件的创新，是涉及能源节约、环境污染减少、废物再利用、绿色产品设计以及企业环境管理等方面的技术创新。

欧盟（2008）提出，任何能够对实现可持续发展的目标产生显著推动作用或者取得明显进展的创新形式都可以称之为绿色创新。

Oltra 和 Jean（2009）认为绿色创新是那些能够造福环境、实现环境的可持续发展的新的（或完善后的）流程、实践、系统和产品创新。

Schiedering 等（2012）把绿色创新归纳为创新对象、市场定位、环境效益、作用阶段、创新动机、创新的层次等六个方面。

Driessen 等（2013）认为，作为一种务实的定义，绿色创新（绿色产品）不应该以降低环境负担为目标，而应该以产生显著的环境效益为目标。

随着对绿色创新的认识逐渐加深，国外学者开始从绿色创新的投入要素以及绿色创新产生经济一生态效益方面展开研究。Brunnermeier 等（2003）运用计量经济学模型分析证实了增加污染治理支出会影响绿色创新。Marchi（2012）通过建立计量模型考察了西班牙制造业绿色创新的差异，结果表明，与外部创新资源建立广泛合作关系的企业更倾向于积极实施绿色创新。Horbach 等（2012）通过考察德国 CIS 2009 年各行业 7061 家企业的调查数据发现有利于减排的绿色技术主要受政府规制的驱动，而有利于节能的绿色技术主要受企业成本驱动。Berrone 等（2013）使用美国 1997—2001 年 326 家企业的专利数据研究企业绿色创新的异质性，发现政府的监管和 ENGO 组织的压力是企业进行绿色创新的主要动力。Rexhauser（2014）则将企业的绿色创新划分为规制诱导创新和企业自愿创新两种类型，研究了它们与企业受益之间的关系。结果表明，有利于提高企业资源利用效率的绿色创新有助于企业收益的提高，且规制诱导的创新对收益的作用更大。

2.1.2　国内研究现状

国内从 20 世纪 90 年代末开始使用“绿色创新”的概念，主要是指那些能为消费者和企业提供价值，同时大大降低对环境影响的新产品和新工艺。国内学者对绿色创新相关的研究主要集中在以下几个方面。

第一，从绿色创新的内涵来看。学术界通常将绿色创新称为生态创新、环境创新和可持续创新等。如陈华斌和王效俐（1998）认为人类社会关注环境一经济一社会协调发展，并使之得以实现的创造性活动都可以称之为绿色创新。赵修卫（2001）提出绿色创新就是开发、生产和应用节约能源，不污染环境，并具有生态效益的新技术、新产品。杨庆义（2003）认为绿色创新是指创新活动中的创新设计、创新过程、创新目标和创新成果的绿色化，即要求：在其创新系统中建立起有利于节约资源、保护环境的技术要素，在其创新目标中确立绿色化的创新要求，在其创新评价体系中设立绿色化指标。彭宜新和邹珊刚（2003）认为所谓绿色创新是一种创新的系统观，是一种新的创新范式，也可以称之为一种绿色的技术经济范式，它将绿色思考引入到产品的研究与开发过程之中，以期达到生产绿色产品、形成绿色产业的目的，从而最终实现社会经济发展的可持续性。周力（2010）认为基于产品创新、技术创新、观念创新、制度创新等途径实现的，能够推进能源一经济一环境系统协调发展的创造性活动，都可以称之为绿色创新，其结果都将体现为有益于节能减排的技术进步。张钢和张小军（2013）认为：第一种绿色创新是环境影响的降低；第二种是将绿色创新看作环境绩效的引入；第三种是将绿色创新等同于环境创新或环境绩效改进。李旭（2015）认为只要具备了创新的新颖性、价值性等特征，且能实现资源节约和环境改善的，就可以归为绿色创新。马媛和候贵生等（2016）认为绿色创新是为了实现经济、环境的协调发展，创新主体开展的关于产品设计、生产工艺、加工过程、组织制度、管理等方面的探索、改进和与之有关的应用活动。

第二，从绿色创新的指标体系构建来看。当前，学者们针对区域绿色创新能力评价展开的大量研究，主要从国家、省级、行业和企业4个层面结合经济、环境类指标构建绿色创新综合指数。如曹霞和于娟（2015）选用R&D人员全时当量和R&D资本存量、环境污染指数作为创新投入的衡量指标，以新产品销售收入、专利申请数、综合能耗产出率作为产出变量，反映创新成果的经济价值和商业化水平、区域的自主创新能力、能源消耗产出，从而综合衡量在绿色低碳背景下创新活动的产出情况。韩晶（2012）以实际授权专利数量为产出变量，以研发全时当量和研发经费，以及能耗和环境污染为投入变量进行研究。华振（2011）从创新投入、创新产出和创新环境层面构建了绿色创新绩效评价指标体系。李健（2012）从主体、功能、环境、低碳4个方面构建了用于考察制造业绿色创新体系绩效的评价指标体系。毕克新等（2014）主观筛选构造了制造业绿色创新系统绿色创新能力指标体系。陈劲等（2001）以客观筛选法中的层析分析法对基层指标进行两步集成，先将基层指标集成为次级指标，再将次级指标集成为4个最终指标，用以反映企业环境绩效与绿色技术创新的总体情形。

第三，关于绿色创新的分布格局研究。多数学者认为我国的绿色创新能力存在显著的时空分异现象。韩晶（2012）认为中国各地区绿色创新效率呈现出较大的差异，东部地区绿色创新效率明显优于中西部地区和东北地区。曹霞和于娟（2015）认为我国各地区的绿色创新效率差异较大，从整体上看，除了像河北、山西等以能源消耗拉动经济的粗放型增长方式而导致环境问题的地区，中国的创新效率基本呈现“东高西低”的格局。付帼和卢小丽等（2016）认为中国绿色创新发展的突出区域稳定集中于东南部沿海地区，东北（除吉林以外）以及中部省级行政区占据了全部弱集聚区，西部地区存在明显易被影响特质，得出随着省域间相对差异的扩大和绿色创新的集聚化发展，未来绿色创新可能出现东部优势突出、西部快速转变、中部惰性凹陷的空间格局的结论。肖仁桥和宋莹等（2019）发现我国绿色创新产出的空间溢出效应显著，局域相关性分析表明，中国绿色创新两阶段产出存在明显的区域集聚现象。吴旭晓（2019）认为我国绿色创新效率整体偏低，还存在较大提升空间，省域之间绿色创新效率不均衡的特征比较明显；我国七大区域绿色创新效率演化发展轨迹存在较强的异质性，华东、西南和华南地区交替领先，西北地区一直垫底；我国七大区域绿色创新系统可持续发展能力由高到低排序为：华南、华东、华中、西南、华北、东北、西北。胡彪和苑凯（2020）认为在 2008—2017 年间京津冀科技创新效率与生态经济效率整体保持上升趋势，城市群整体耦合度波动增长趋势平缓；耦合类型方面出现由开始的中低水平耦合为主到后来的以中高度耦合为主的变化过程。

2.2　转型发展

2.2.1　国外研究现状

转型发展意指高质量转型发展，与经济转型发展同义，意味着经济规模的逐步扩大、经济结构得到优化、经济效率得到提高、人们生活质量得到改进、社会得到发展，这意味着经济要实现从重“量”到重“质”的转变，其内涵也得到进一步丰富。

温诺·托马斯等（2001）认为经济增长质量作为发展速度的补充，是指构成经济增长进程的关键性内容，比如机会的分配、环境的可持续性、全球性风险的管理以及治理结构。

Barro（2002）也给予经济增长质量一种很宽泛的概念，指出经济增长质量作为与经济增长紧密相关的社会、政治及宗教等方面的因素，包括受教育水平、预期寿命、健康状况、法律和秩序发展的程度以及收入不平等等方面的内容。由此可见，转型发展涵盖了政治、经济、文化和社会生活等方方面面，内涵十分丰富。

哈维·莱宾斯坦（1967）在《经济落后和经济增长》一书中提出，必须要在一定时期内对落后地区进行持续的如资金支持、政策支持等经济增长刺激，才能打破低水平的经济发展状态，达到高水平的均衡发展。

美国经济学家普雷顿·詹姆斯提出的“区域均衡增长理论”认为短期内各地区存在经济发展差异属于正常现象，长期来看，生产要素和劳动力具有流动性，经济发展质量较高的地区会带动经济欠发达地区，区域差异会逐渐缩小，实现经济均衡发展。

后巴罗（2002）明确区分了经济增长的内在区别，认为经济增长有着数量与质量之分，并强调经济增长质量是一种很宽泛的概念，指出经济增长质量与经济发展、政治制度、收入分配的各个方面息息相关。

Douglas（2000）则具体指出城市经济发展质量的内在因素，认为经济结构、人力资源、社会环境以及资源禀赋等都是城市经济发展质量的内在影响因子，必须要重视这些因素的作用机制，即在政策指导过程中渗透其作用，但同时也存在难以客观衡量的弊端，因而在实际操作过程中存在一定的难度。

Michael（2003）主要从产业的角度对城市经济发展质量进行系统研究，通过钻石模型剖析了影响城市产业的重要因子，以产业的角度概括出影响城市经济发展的动态机制，认为城市经济发展质量的提升需要依靠产业竞争力的不断上升来实现。

苏联经济学家卡马耶夫（1977）首次系统性提出经济增长质量的概念。他认为经济增长质量的实质是物质生产资源变化过程的总和，以及由此而产生的产品数量增加、质量提高。区别于以往经济增长概念中生产资源的增加、生产量的增长，经济增长质量还应当包括产品质量的提高、生产资料效率的改善等。

维诺德·托马斯等在其著作《增长的质量》中通过对多国经济增长质量的研究发现，即便经济增长率水平相近的地区也会产生截然不同的福利状况，提出质量作为发展速度的补充，是经济发展过程中的关键要素，指出各国发展既要关注增长数量，更要重视质量的论点。

2.2.2 国内研究现状

第一，从转型发展的内涵来看。赵剑波（2019）认为可以从系统平衡观、经济发展观、民生指向观三个视角理解转型发展的内涵。系统平衡观指转型发展具有系统性和全面性，内涵体现在包括经济、政治、文化、生态、社会等各方面的全面提升；经济发展观指经济建设是转型发展的重要支撑；民生指向观指提供更高质量的产品与服务、提高居民福利水平是转型发展的直观体现。转型发展阶段比高速增长阶段有更高的要求，转型发展相比高速增长有更深的内涵。任保平和李禹墨（2018）提出，转型发展的内涵包括经济发展高质量、改革开放高质量、城乡建设高质量、生态环境高质量、人民生活高质量五个部分。安树伟（2020）认为，从广义的角度来看，转型发展不仅要注重经济转型发展，而且要注重社会、生态等方面的转型发展，其内涵具有多维性、系统性、动态性和长期性。王永昌（2019）从宏观经济层面解析了中国经济转型发展的基本内涵及其趋向，认为转型发展主要体现在发展的中高速趋向、发展的优质化趋向、发展的科技化趋向、发展的金融化趋向、发展的美好生活趋向、发展的包容化趋向、发展的绿色生态趋向、发展的全球化趋向等方面。逄锦聚（2019）认为把各种影响经济发展的因素都纳入转型发展的范畴中，将会无法区分转型发展与经济发展、可持续发展、绿色发展等范畴的区别，而且也无法明确转型发展的讨论边界，认为转型发展的核心内涵就是通过提升经济的活力与创新力来实现有效率的增长。

第二，从转型发展的评价指标体系来看。李金昌（2019）从经济活力、创新效率、绿色发展、人民生活、社会和谐五个部分构建了转型发展评价指标体系。马茹（2019）从高质量供给、高质量需求、发展效率、经济运行和对外开放五大分维度构建了中国经济转型发展评价指标体系。张震（2019）以经济转型发展的动力、新型产业结构、基础设施、经济发展协调性、经济发展开放性、绿色发展、经济发展共享性七个方面为基础，构建了具有七个分维度的副省级城市经济转型发展评价指标体系。任保平（2018）认为转型发展的评判体系包括转型发展的指标体系、政策体系、标准体系、统计体系、绩效评价体系、政绩考核体系。李梦欣（2019）从“创新、协调、绿色、开放、共享”五个基本维度切入，构建新时代中国经济转型发展的评价指标体系，并提出了使中国经济社会的转型发展呈现繁荣盛况的路径设计和政策指引。苏永伟（2019）基于转型发展的内涵和目标，构建出包含质量效益提升、结构优化、动能转换、绿色低碳、风险防控、民生改善六个一级指标的评价指标体系。

第三，从转型发展的空间分布格局来看。魏敏（2018）发现我国经济转型发展综合水平总体呈现“东高、中平、西低”的分布格局；依照经济转型发展综合水平高低，30 个省级行政区被划分为明星型、平庸型和落后型三种类型。师博（2018）认为中国地区间经济增长质量的地理分布态势为东部最高、中部次之、西部最低。王竹君（2018）认为全国地区经济效率呈现出“东部高、西部低”的明显趋势。王慧艳（2019）研究发现目前我国科技创新驱动转型发展整体绩效水平偏低，均值为 0.438，地区差距较大，东部地区明显优于中、西部地区，东北地区最低。张震（2019）通过构建城市经济转型发展评价指标体系，对 2016 年我国副省级城市经济转型发展水平进行探讨，结论表明：不同区位城市的转型发展对比显示，东部沿海地区的副省级城市（如深圳、广州等）经济转型发展水平远高于西部内陆地区（如西安、成都等），与中西部地区副省级城市（如武汉）经济转型发展相比，东北地区城市（如大连、沈阳等）经济转型发展仍相对较弱；同时，城市经济转型发展与城市综合实力、城市经济规模联系紧密，但并非严格的正相关关系；相比经济综合实力和经济规模相对较小的城市（如长春、哈尔滨等），广州、深圳、成都、武汉等的经济转型发展水平相对较高。

第四，从转型发展的驱动因素来看。师博（2020）认为人工智能围绕社会再生产，革新生产模式、改进分配效率、优化交换模式、驱动消费升级，与创新、协调、绿色、开放和共享等新发展理念相契合，进而满足人民日益增长的美好生活需要和人的全面发展，切实推动经济由高速增长向转型发展的全面转型。渠慎宁（2020）认为区块链是开放式创新的新模式、协调产业融合的新载体和推动绿色发展的新路径，契合了“创新、协调、绿色、开放、共享”五大发展理念；区块链已成为全球科技竞争的新高地，其技术应用已延伸至实体经济多个领域。积极推进区块链与实体经济深度融合，有助于推动我国产业升级，实现转型发展的目标。丁志帆（2020）在对数字经济的概念内涵与核心特征系统总结的基础上，立足“微观－中观－宏观”分析框架，探讨了数字经济驱动经济转型发展的内在机理；认为随着新一代信息与通信技术的创新突破，数字经济与实体经济深度融合，成为新时代中国经济动能转换和转型发展的重要驱动力。李辉（2019）认为大数据在宏观层面通过提升效率推动转型发展、大数据在中观层面通过促进产业结构升级推动转型发展、大数据在微观层面通过实现商业模式创新推动转型发展。

第五，从转型发展的实现路径来看。任保平（2018）认为新时代实现中国转型发展，应从科技创新、产业创新、制度创新、战略创新、促进人的全面发展等方面着手；依靠科技创新不断增强经济的创新力和竞争力，进一步提高供给体系的质量；产业创新为转型发展构建现代化的产业体系，深化产权制度改革，大力促进企业制度创新对转型发展具有重要意义；战略创新是转型发展的关键，提高人民群众的生活水平和生活质量是经济发展的终极目标。任平（2019）认为中国高质量绿色发展的实现路径为提升自主创新能力，培育高质量绿色发展新动力、以“生态+”为理念，增强高质量绿色发展的底色，尊重社会规律，完善高质量绿色发展的反馈机制。戴翔（2019）认为扩大进口是助推转型发展的实现路径，以主动扩大进口推动转型发展。黄聪英（2019）认为实体经济转型发展是建设现代化经济体系的核心和关键；全面优化产业结构，提升供给体系质量、激发企业发展活力，提高产品供给质量、加强政府宏观调控，构筑营商环境高地是新时代中国实体经济转型发展的路径选择。安淑新（2018）认为实现转型发展的路径为：加快实现要素的市场化配置、加大产权保护力度、更好发挥政府作用、加快中央地方财政体制改革、深化社会保障制度改革、构建有利于创新的体制机制、加快扩大开放。

2.3　绿色创新与转型发展

2.3.1　国外研究现状

转型发展的本质在于增长动力的转换，国外学者对于经济增长的动力问题探索久远。主要包括以下几种观点：（1）转型发展的核心在于经济增长动能的提升，在经济发展的初期阶段，劳动力是进行社会生产的主要工具，因此，提高劳动分工水平和劳动生产率水平是驱动经济增长的主要手段。（2）18 世纪以来的技术变革，引起了极大的资本积累效应，社会生产逐步从手工生产转变为工厂制。此时，劳动、资本、土地和技术创新逐渐成为驱动转型发展的主要动力。（3）转型发展是社会发展模式的转变，社会生产由资源消耗型生产方式向绿色创新型生产方式转变，此时，技术创新与制度创新成为转型发展的推动力。

亚当·斯密从国民财富增长的角度考察了经济增长问题，他认为国民财富增长是由劳动分工和生产劳动与非生产劳动之间的比例这两大因素决定的，而社会的劳动分工水平是影响经济增长的决定性因素。

大卫·李嘉图认为，社会发展的主要手段是提高劳动生产率，缩短必要劳动时间，提高劳动生产率的根本方法在于创新。

卡尔·马克思以劳动价值论为前提，以剩余价值论、资本积累和社会资本再生产等理论为基础，建立了经济学说史上第一个增长理论模型，分析市场经济下的发展等问题。总之，古典政治经济学家认为，经济发展是多种因素作用的结果，其中劳动、资本、土地和技术进步等因素共同影响着经济转型发展。

哈罗德和多玛在20世纪50年代提出，一定时间内，一个国家或地区国民财富的总增长，包含市场有效需求、人均生产总值、产品产量等方面。该理论认为经济均衡增长需要投入产出比与经济增长率相同。

经济学家索洛建立了新古典经济增长理论，即索洛模型。索洛认为当经济处于稳态时，技术进步和人口增长率提高会增加总产量稳态时的增长率。阿罗-德鲁布模型也将技术进步纳入经济增长模型研究经济增长，不同于古典经济增长理论认为经济增长靠资本驱动。

卢卡斯（Lucas，1988）为解释不同国家在经济增速方面的差异，通过一个两部门增长模型的拓展来分析不发达经济体如何实现经济赶超，并用带有学习的人力资本模型来解释增长差异，发现促使经济发展转换的关键是人力资本积累和学习效应。

罗默（Romer，1990）为弥补卢卡斯模型的不足，设定了创新函数。他认为创新是人们有意识的经济活动，是为了获取创新利润。卢卡斯模型缺失了人力资本积累的报酬机制，没有合理的人力资本补偿机制，人力资本积累难以维持；而罗默模型具有较为完善的创新补偿机制，创新获取的垄断利润可补偿创新中的投入。创新具有非竞争性，除了创新成本投入以外，其他的人无须投入成本就可使用。这实质上是对现实创新的抽象，创新是由一个复杂的经济系统组成的。正如模型描述的那样，世界上大多数国家都会进行创新，而现实中，能够成功进行创新的国家（或地区）是非常少的。罗默模型的出现使得经济增长理论得到进一步完善。

阿洪等（Aghionetal，2013）指出现代熊彼特主义增长模型本质上退化成了一个AK模型，不具备转移动态，也不存在经济转型。因此，将索罗模型和熊彼特主义内生增长模型相结合，不仅有益于解释中国经济增长方式转变过程，在理论上也更符合熊彼特的原意。

美国经济学家乔根森（Jorgenson，1967）在刘易斯模型的基础上进行拓展，强调农业剩余是农村剩余劳动力转移的前提。科技创新能有效提高农业产出，促进劳动剩余的生成。

乔根森认为，最大人口增长率和农业技术进步率决定了农业产出所需的农业劳动力。科技创新影响着农业劳动力的数量，从而影响农业产出和农业剩余的增减。科技创新力度越大，实际工资上升得越高，共同推动着人均产出增长率的提高，从而影响农业剩余，农业剩余又会引起劳动力从农业部门转移到工业部门，进而完成二元经济转型。

Hartwick（1977）认为绿色转型模式是从传统发展模式向理想发展模式转变、从“黑色”向“绿色”转变的过程模式。其理论依据是弱可持续发展理论与竞争优势理论。弱可持续发展理论说明不同资本形态之间存在替代关系，即资源损耗、生态环境破坏可以通过物质资本、人力资本进行补偿和替代。

Ross（1986）认为经济转型对资源型城镇的经济发展、劳动力市场和社区发展都带来了巨大的影响。很多资源型社区正在展开新的、根本性的调整，以求在资源型产业和非资源型产业之间达到平衡，实现持续的发展。

Grossman 等（1995）针对当时突出的环境保护问题，将经济增长、经济结构与环境保护联系在一起，得出了经济结构优化会改善环境质量的结论。

Cooke 等（1996）关于资源型城市进行的创新研究主要集中在对传统产业基地重建模式以及创新体系或创新模式进行的比较和实证研究方面，包括对国外资源型城市（地区）转型成功经验的研究。他首次提出了区域创新系统的概念，认为在地理上相互分工与关联的企业、研究机构和大学等构成区域性组织系统，且这种系统支持并产生创新。

Duranton（2007）把 Grossman 开发的空间质量阶梯增长模型嵌入到一个城市框架，描述了离散的技术创新导致产业结构调整和经济转型的过程。这些模型均没有考虑技术的环境效应的差异性。

Baldwin（2003）认为影响产业转移和产业转型的因素众多，劳动力数量和劳动力技能是其中重要的决定因素，因为新经济地理学的研究早已指出，包括数量和技能在内的劳动力演化改变了地域比较优势，是诱发产业转移、推进产业转型的内在因素。

Velculescu（2004）认为就产业转型而言，劳动力数量演化会通过影响工业的生产效率，诱发当地的产业转型。特别地，劳动生产率的年龄分布呈“峰型”特征，15～64 岁劳动人口数量的调整会造成产业生产率的暂时性波动，从而影响产业的转型升级。

Page（2006）借鉴路径依赖分析的简化模型，以产业结构升级变动为切入点，研究中国区域经济发展的路径转型。

Markey Sean（2006）指出依据区域规划和发展的相关理论，竞争优势对区域的振兴具有重要意义，城市的转型应该从经济和资源的比较优势向城市的竞争优势转变，并以不列颠哥伦比亚省北部地区的发展为例进行论述。

Venables（2011）认为就产业转型的影响而言，劳动力技能水平的提升促进了生产效率的改进，是实现产业转型升级的重要基础，决定产业结构的转化方向，尤其是劳动力技能与产业技术的正向空间匹配，对产业结构转型升级具有巨大推动作用。

2.3.2 国内研究现状

国内学者关于绿色创新与转型发展的研究主要从以下两种类型进行考察：

第一，从绿色创新与产业结构转型方面研究。关于产业结构转型升级，国内学者结合不同的实证工具，从技术创新、生产率、科技进步贡献率等视角，考察了绿色创新对转变农业发展方式、传统制造业转型升级以及新兴产业发展的影响，这些成果对当前我国产业结构转型作了较为系统的研究，认为绿色创新是引领我国产业结构转型发展的关键因素。

辜胜阻和吴华君（2018）认为技术创新是产业升级的关键因素，并且通过借鉴美国等发达国家产业转型升级的经验，对比得出我国产业发展整体处于全球价值链中低端，很多产业大而不强，特别是核心技术积累不足，核心技术创新与主要发达国家还存在较大的差距，严重制约着产业转型升级。推动我国产业转型发展，需要在关键领域实现核心技术创新突破，为加快经济新旧动能转换、培育新增长点提供动力支撑。

陈德余和汤勇刚（2018）运用目标规划模型，采用2008—2017年我国30个省级行政区面板数据，证实了产业结构转型升级对地区经济的发展影响较大，中部省级行政区、西部省级行政区的产业结构转型升级综合效应为正；金融科技创新对产业结构转型升级的驱动效应明显，地区金融科技创新推动产业结构转型升级，产业结构转型升级反过来促进金融科技创新，金融科技创新进而推动经济发展，地区经济发展又进一步促进产业结构转型升级。三者互融互促，推动国家科技创新发展，促进经济社会提质增效。

曹泽和朱小婉（2019）基于2007—2016年省级行政区区域面板数据，考察了科技创新人力资本在经济增长中的作用。结果表明：样本期内各省级行政区区域全要素生产率平均增长2%。科技创新人力资本在各地区均有全要素生产率正弹性。科技创新人力资本是实现向创新驱动转型的基础条件，同时还必须发挥企业家人力资本和政府人力资本的协同作用。

任保平（2013）认为经济发展方式转变，不仅意味着从要素扩张向生产率提高转变，而且意味着要在经济发展过程中实现经济结构的转变，改变经济结构中投入结构不合理、物质资源消耗太多、科技进步贡献率低的状态。经济结构的转变包括：在产业结构方面，从主要依靠第二产业带动向依靠一、二、三次产业协同带动转变，大力培育战略性新兴产业；在空间结构方面，调整城乡二元结构，缩小城乡差距，推进工业化、城镇化、农业现代化和信息化的同步协调发展；在动力结构方面，促进经济发展由主要依靠投资拉动向依靠消费、投资、出口协调拉动转变，从需求管理向供给管理方面转变；在要素投入结构方面，以提高创新能力为核心，促进经济增长从要素驱动型向创新驱动型转变。这些结构性转变都需要通过创新驱动来实现。

高小明和郭剑雄（2020）认为我国城乡二元经济结构特征仍然突出，转型尚未完成，表现为工农业生产率水平差距大、城乡居民收入不平衡、区域间异质性发展等问题。通过对比借鉴英国、美国、日本、韩国的历史经验和主要做法，我国应从产业结构升级、激发技术创新、加大人力资源投入、推动农业现代化等方面入手，加快推进城乡经济结构转型。

李恕洲和何刚（2020）在统计整理1987—2018年相关指标数据的基础上，采用VAR评价模型，并结合脉冲响应函数和方差分解分析对中国经济发展现状进行实证研究。Granger因果检验表明，中国应该进一步释放科技创新投入和产业结构转型升级对中国经济增长的驱动力。科技创新、产业结构转型之间均存在着相互Granger因果关系，必须处理好科技创新的投入力度，合理地配置现有资源，使得能源利用效率达到最大化。此外，应进一步加大科技创新及对高新技术产业的投资，优化三大产业结构，加大对绿色环保能源的投入和使用，通过产业结构的调整降低能耗，减少污染排放。

黄凌云和张宽（2020）考察了中国2005—2015年274个城市创新能力与产业结构转型升级的情况。机制分析表明，产业结构转型升级是贸易开放提升城市创新能力的重要渠道，具体表现为贸易开放可以通过升级产业结构的“数量”“质量”和“合理化”三个维度来提升城市创新能力。经济异质性分析发现，在经济发达地区贸易开放能够通过产业结构三个维度的升级来有效提升城市创新能力，而在经济落后地区上述机制均不成立。研究结论有助于加深对贸易开放和区域创新能力关系的认识，以及深入理解产业结构转型升级在其中的重要作用。

侯纯光和程钰（2017）运用数理统计和地理学空间分析法对中国30个省域2000—2014年的创新投入产出数据进行定量评价，实证发现中国科技创新能力和绿色化水平逐年提升。鉴于投入产出效应对绿色化的促进作用，以科技创新投入新的生产工艺，提高物质能源的传递效率，转变粗放的发展模式，可以有效促进经济结构优化升级，提高高新技术产业比例，并认为科技创新可通过知识外溢效应、人力资本效应、科技创新累积等方式促进绿色化的转型。

李石（2017）认为随着创新驱动变成社会经济进步的关键动力，在农业角逐愈发强烈的大范围形势下，利用科技创新推动农业经济转型实力的加强，已迫在眉睫。我们要认识到科技创新对于驱动农业经济发展方式转变的必要性，并优化路径选择，从政策、投资、组织化建设以及创业环境的营造等各个方面推动科技创新在农业经济发展方式转变中的作用。

李邃和江可申（2011）通过对我国1996—2007年的高技术产业科技能力和我国产业结构优化升级的测度，考察了高技术产业科技能力与产业结构优化升级的关系。发现高技术产业科技能力与产业结构优化升级具有较强的正相关性，并且高技术产业科技能力每提高1%，产业结构优化程度提高0.78%。高技术产业科技能力的三个构成要素，即科技创新资源投入及研发能力、科技创新转化和波及能力、科技创新经济支撑能力都与产业结构优化升级有着正相关关系，产业结构的优化升级是各种能力共同提升的结果。

李翔和邓峰（2018）在经济增长相关性分析的基础上，构建动态空间面板模型和面板门限模型，实证检验了科技创新与产业结构变迁对经济增长的空间效应和门限效应。研究结果显示，我国各区域的经济增长存在显著的空间溢出效应，科技创新是促进经济增长的稳定动力，而产业结构优化对经济增长的作用并不稳定，其中，产业结构服务化的优化调整不利于经济的增长，是使我国经济进入“结构性减速”的重要原因，科技创新是缓解结构性减速的关键。进一步的门限效应分析表明，科技创新和产业结构高级化与经济增长均存在正U形关系。

田璐（2019）运用2004－2017年各省级行政区的面板数据，从全要素生产率、第三产业占比、单位GDP能耗三个维度对经济升级进行定量评价，通过实证分析发现，科技创新总体上对经济升级、经济效率提高、产业结构升级均能产生正向影响，并鼓励政府通过健全科技创新体制、加大对各地区的科技创新导向及扶持，激发企业的科技创新积极性，持续加大对科技创新的投入并注重提升创收效率，加大对生态环境治理的科技创新力度等手段促进经济升级。

第二，从绿色创新驱动转型发展方面研究。多数学者认为转型发展除了需要绿色创新作为技术支撑之外，完善相应的发展机制也同样重要。

张军扩和侯勇志（2019）认为转型发展是以满足人民日益增长的美好生活需要为目标的高效率、公平和绿色可持续的发展。从高速增长转向转型发展，既是经济增长方式和路径的转变，更是一个体制改革和机制转换的过程。因此，转向转型发展的关键，是加快形成与之相适应、相配套的体制机制。

杨武和杨淼（2016）基于中国1991—2012年的数据考察了科技创新与经济发展的相互作用，通过构建科技创新和经济发展子系统的耦合协调度模型，揭示两者的耦合协调发展机理，证实中国经济增长由创新驱动，且具有一定周期性。这一思想有利于解释中国经济在转型过程中所呈现的周期性特征。

华坚和胡金昕（2019）基于灰色关联分析，构建科技创新系统与经济转型发展系统耦合协调度评价模型，对中国内地30个省级行政区地区的耦合协调度进行评价。研究结果表明，我国区域科技创新与经济转型发展总体上已初步实现良好协调发展，但与优质协调发展仍有差距。同时，各地区之间也存在一定差异，且中西部省市差异有进一步加大的趋势。剖析良好发展实质、增强科技创新能力、贯彻全面发展理念，是当前促进科技创新引领区域转型发展的必经之路。

任保平和李禹墨（2019）认为改革开放以来，中国经济总量快速增长，经济发展取得了一系列的成就。但当经济总量和规模增长到一定阶段后，原有的经济增长动力就不再满足新时代转型发展的要求。转型发展阶段的动力需求包括创新需求、人力资本需求、金融体系需求、制度需求等。因此，要实现经济从高速增长向高质量增长转变，就需要以创新为核心，实现新旧动力转化。主要路径包括：加快产业链条延伸，培育转型发展的产业链新动力；提升传统产业，培育转型发展的新兴产业动力；培育创新者，培育转型发展的企业家新动力；发展数字经济，培育转型发展的新业态动力；把握新趋势，释放转型发展的信息化新动力；创新发展方式，培育转型发展的绿色动力。

陈昌兵（2018）认为增长理论就是不断探索发展的根本动力，发展的根本动力在于创新。由我国产业结构及产业发展的动力演变可知，我国第一产业、第二产业和第三产业分别充当主导动力产业，在不同产业发展阶段，其增长的动力是不一样的，它们都是由物质资本、劳动力等投入要素向创新演变。进入新时代，我国第一、第二和第三产业发展的主要动力已转换到创新上，创新是新时代我国转型发展的动力。在创新驱动下，我国将由依靠要素投资和牺牲环境为主的发展，转型升级为服务业升级和高端制造业发展、深度城市化和技术创新等。

陈艳春和韩伯棠（2019）从中国经济转型情境的特点出发，对绿色技术创新驱动经济转型的过程进行解构。在熊彼特“创造性破坏”模型基础上，构建一个包括三条主线、两类技术、三种状态的理论模型，分析绿色技术存量、工资率和排污费率等因素对经济转型的启动条件和转型速度的影响。考虑中国当前既要稳定经济增长又要控制污染的情境，提出依据经济梯度、充分发挥低碳示范区引领作用并分区施策的转型策略。

吴传清和邓明亮（2019）采用 2005—2016 年长江经济带 108 个地级及以上城市面板数据，从线性、非线性视角考察科技创新、对外开放与长江经济带转型发展的关系。结果表明：科技创新能有效促进长江经济带沿线城市绿色全要素生产率提升；在对外开放背景下，这种影响效应呈现出显著非线性特征，对外开放能有效规避科技创新促进绿色全要素生产率提升的边际效率递减困境。推动长江经济带转型发展，应科学处理科技创新、对外开放与经济转型发展三者的关系，构建高质量对外开放与科技创新之间的良性互动机制，形成长江经济带深度融合的开放创新局面。

钞小静和薛志欣（2018）认为新时代下经济增长动力应由要素驱动向创新驱动转变，创新和技术进步可以克服资源有限性的约束，从而为实现经济高效增长提供持续动力。为实现经济转型发展提供不断的动力支撑，我国应从改善创新条件、完善创新过程、提升创新结果三个维度上下功夫。

尚勇敏和曾刚（2017）基于“技术—组织—区域”三位一体理论，分析科技创新促进区域经济发展模式转型的作用和机制，并运用 Malmquist 指数，研究科技创新在中国区域经济发展模式转型中的作用。发现科技创新对区域经济发展模式转型具有积极作用，表现为推动经济发展水平提升和经济结构转型两方面，中国各区域经济发展模式总体上向创新驱动型转变。科技创新对区域经济发展模式转型作用具有异质性，地方的环境性因素在很大程度上决定创新策略与转型路径，处于不同发展阶段、具有不同资源禀赋的区域，其科技创新重点也不同。中西部地区经济较落后，依靠技术引进、加强创新合作等外生力量是其最优选择；经济发展水平较高的东部地区应重视知识创新与积累，寻求原创性技术创新，增强内生创新能力。

刘红和姚永玲（2008）采用协整理论和 Granger 因果检验研究了经济增长和创新效率之间的关系。研究结果显示，我国创新产出效率与经济增长的协整和单向因果关系并不成立，产出效率对经济增长的推动作用不显著。创新转化效率与经济增长之间虽然不具备长期稳定的均衡关系，但却是经济增长的 Granger 成因，对经济增长具有显著的正向推动作用。

赵黎晨（2017）依据河南省 1999－2014 年的时间序列数据，构建经济增长和绿色创新的 VAR 模型，利用脉冲响应函数和方差分解方法对河南省经济增长和绿色创新的动态关系进行研究，发现绿色创新对经济增长起到显著的正向促进作用。

印浩和田贵良（2019）运用一般均衡（DSGE）模型，模拟绿色工艺创新扩散的负向波动对经济增长的冲击效应，发现各经济变量对绿色工艺创新扩散的负向波动呈现出不同的响应路径，其中资本存量的响应具有明显的滞后性，而资本报酬率的收敛过程出现了倒 U 形曲线。

杨朝均和刘立菊（2020）基于 2004—2017 年 30 个省级行政区地区的面板数据，采用灰色关联理论和 TOPSIS 模型改进的协同距离模型对绿色创新与经济开放的协同发展度进行评价，并利用非参数核密度估计及重心理论探讨绿色创新与经济开放协同发展的动态演化规律，结果发现绿色创新与经济开放的协同发展度呈增长状态。

2.4 文献述评

总的来看，国外对绿色创新与转型发展的相关研究较早，近年来国内的相关研究也如火如荼、方兴未艾。丰硕的研究成果为本书提供了极具启发性的参照，但是还存在一些不足。一方面，由于绿色创新是一项关系到经济、社会、环境等多系统的综合性创新活动，需要政府、企业、公众、社会多方的共同加入，才可能达到预期目标和效果，以致目前的研究虽然较多，但能够提出落地性对策的研究并不多见。另一方面，绿色创新具有空间溢出效应，可以降低邻近地区的环境成本，从而产生正外部性，进而促进邻近地区绩效得到提升；但目前现有相关文献对绿色创新的空间溢出以及关于绿色创新与转型发展空间效应的相关分析较为缺乏。为此，本书将绿色创新与转型发展置于同一分析框架进行讨论，同时考虑分工演进和空间溢出的影响，从新兴古典经济学和新经济地理学两个经典理论出发，系统探索绿色创新与转型发展的内在联系，旨在揭示绿色创新驱动中国经济转型发展的内在逻辑和影响机理，并提出了转型发展的政策建议，旨在为现有相关研究作一些补充。

第 3 章　绿色创新与转型发展的理论基础

由于绿色创新本质上是一种创新，而转型发展又与经济增长、经济转型关系密切，因此，对绿色创新与转型发展的相关理论进行系统梳理，有助于正确把握绿色创新对转型发展的影响，为更加深入的研究奠定基础。本章包括三个部分的内容，第一部分包括“波特假说”和技术创新理论，为绿色创新相关理论提供理论支撑；第二部分包括经济增长理论和发展经济学理论，为转型发展相关理论提供理论支撑；第三部分包括可持续发展理论和经济转型发展理论，为研究绿色创新与转型发展相关理论提供理论支撑。

3.1　绿色创新相关理论

3.1.1　“波特假说”

传统经济学家认为，环境规制虽然会在一定程度上改善环境，带来社会效益，但同时也会给企业创新力和国际竞争力带来负面影响。基于静态假设，他们认为，在生产要素组合和生产技术不变的情况下，环境规制致使企业污染物防治费用增加，带来企业利润的减少，从而在挤占企业技术创新要素的投入、损害企业创新力的同时降低企业国际竞争力。但是，20 世纪 90 年代初期，哈佛商学院经济学家、战略研究泰斗迈克尔·波特（Micheal Poter）教授指出：在实际生产中，生产要素组合和生产技术是不断变化的，适当的环境规制可以激励企业创新，提升企业生产效率，从而减少因环境规制带来的额外成本，与未受规制的企业相比，获得更大竞争优势。这一观点就是所谓的“波特假说”。其中，适当的环境规制是“波特假说”的重要前提条件，一个适当的环境规制应当具有以下特点：(1) 为技术创新提供足够空间，可以采用灵活的方式实现环境规制目标；(2) 能够激励企业创新；(3) 尽可能降低不确定性；(4) 通过信息的揭露与集中，促进企业在污染防治的同时实现收益；(5) 过渡时期的缓冲器。

“波特假说”由创新补偿途径和国际市场先动优势两大内容组成。首先，创新补偿途径是指在市场激励的环境规制下，从较长时期来看，适当的环境规制能够激发被规制企业在生产技术和生产工艺上的革新，通过对绿色环保生产技术、新能源开发技术、污染物处置等技术的研发，被规制企业做到节能减排，提高产品生产率，降低污染物排放量以及提高污染物利用率等，最终减少部分或者全部因环境规制带来的额外成本，甚至为企业带来净收益。其中，创新补偿可分为产品补偿和过程补偿。产品补偿是指在恰当的环境规制下，被规制企业不仅能够减少污染排放，而且能够形成环境友好型产品，产生了产品补偿。过程补偿是在环境规制导致更高的资源生产率时产生的。其次，国际市场先动优势是指在国际市场日益注重环境保护的趋势下，基于国内严格的环境规制的要求而率先进行技术工艺创新的本国企业，由于其生产的产品相较于环境规制标准低的其他竞争者所生产的产品更符合环境友好的特点，因此，在国际市场上，国内企业能够优先于其他竞争者获得更大的竞争优势。

行为参数理论和市场失灵理论构成“波特假说”的理论依据。首先，基于行为经济学的行为参数理论，企业的经营管理者或考虑到规避风险，因而放弃高成本的投资项目；或因有限理性或认知缺陷而拒绝对企业发展有利的项目，致使企业产生“组织失灵”。Ambec 和 Barla 指出基于行为参数理论，管理者可能推迟对创新项目的投资。而环境规制在一定程度上通过对创新研发的政策支持或强制要求，帮助纠正管理者与企业利润最大化的目标的偏离程度，增强企业创新力和提高企业国际竞争力。其次，市场失灵是指通过市场配置不能实现资源的最优配置，也就无法达到“帕累托最优”。市场失灵包括收入与财富分配不公、外部负效应、竞争失败和形成垄断市场、失业、区域经济不协调、公共产品供给不足等表现形式，其原因在于市场的不完全竞争、信息不对称、外部性、公共物品属性、垄断等。在绿色环保方面，由于环境的非排他性和非竞争性，以及环境的外部性，环境质量信息的不对称性，绿色产品市场的不完全竞争，环境保护和绿色产品市场处于一定的“市场失灵”状态，而政府通过适当的环境规制可以强制企业进行帕累托改进，从而缓解“市场失灵”状态。

随着研究的深入开展，学者们逐渐发现“波特假说”实际上涵盖了两个阶段：第一个阶段是环境政策与企业绿色技术创新的关系；第二个阶段是企业绿色技术创新与企业竞争力的关系。根据发生的阶段不同，“波特假说”可以进一步区分为“弱波特假说”和“强波特假说”。“弱波特假说”只针对第一个阶段，即环境政策能够刺激企业绿色技术创新，但不确定创新收益是否能与环境政策的遵循成本完全抵消并使其受益；“强波特假说”涵盖前后两个阶段，即环境政策不仅可以刺激绿色技术创新，进而补偿遵循成本并提升企业竞争力，提高企业生产率，而且可以提升企业经济绩效，见图 3.1。

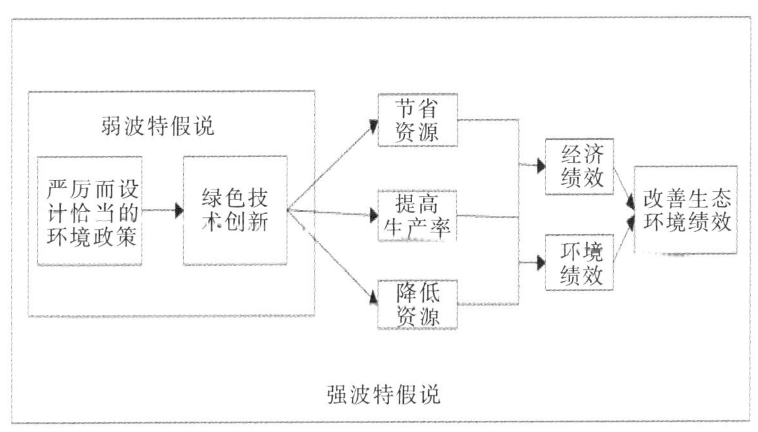

图 3.1　“波特假说”分解示意图

我国政府制定的命令控制型和市场激励型环境政策主要面向排污企业，以上两类环境政策影响企业绿色技术创新行为。低强度的环境政策激励了排污企业末端污染治理行为，并且挤占了绿色技术创新投入，制约了企业绿色技术创新；高强度的环境政策倒逼企业进行绿色技术创新。绿色技术创新不仅具有技术创新的原始含义，更重要的是突出了绿色观念，可以使企业实现经济绩效和环境绩效的“双赢”。对一个国家或地区来说，企业既是经济发展的微观主体，又是绝大多数污染物的直接生产者，企业绿色技术创新对区域生态效率具有决定性作用。依据

“波特假说”，这些环境规制能够激发企业进行绿色创新，提升绿色生产率，并实现高利润和“绿色生产”的双赢格局，最终帮助企业实现其生产的产品在市场上拥有国际领先地位。因此，为了更有效地激励企业进行绿色创新，促进企业长远持续的发展，政府有效且适当的环境规制必不可少。

3.1.2 技术创新理论

经济学领域对创新的研究源自美籍奥地利经济学家熊彼特，他在其 1912 年出版的著作《经济发展理论》中，首次提出创新的基本概念和思想。熊彼特认为，创新是企业家对生产要素的新组合，即把一种从来没有过的生产要素和生产条件的新组合引入生产体系之中，建立一种新的生产函数，其目的是获得潜在的利润。他认为企业家是创新的核心，其职能就是实现创新。同时，熊彼特指出，创新具体包括五部分内容：（1）开发新产品；（2）采用新工艺；（3）开辟新市场；（4）获得新供应商；（5）形成新组织形式。其中（1）（2）属于技术创新，（3）（4）属于市场创新，（5）属于制度创新。熊彼特的创新概念范围广泛，不仅包括技术创新，还涉及市场创新、制度创新等，不过，熊彼特并未对技术创新的概念进行具体阐述。在熊彼特创新概念提出一百多年的今天，众学者基于不同的出发点对技术创新理论进行研究，至今各专家学者和机构对技术创新的概念莫衷一是。

国际上，1941 年索罗首次提出技术创新成立必备的两个条件：新思想来源和以后阶段的实现发展。这一“两步论”在学术界对技术创新概念界定有着里程碑式影响。1962 年，伊诺思（J. L. Enos）从行为集合的角度首次明确将“技术创新是几种行为综合的结果。这些行为包括发明的选择、资本投入的保证、组织建立、制定计划、招用工人和开辟市场等”界定为技术创新的概念。林恩（G. Lynn）主要从创新时序过程的角度思考，认为技术创新是“始于对技术商业潜力的认识而终于将其完全转化为商业化产品的整个行为过程”。曼斯菲而德（Manfield）从产品创新角度出发，认为“技术创新是一项探索性活动，开始于企业对新产品的构思，而终于新产品的销售和交货”。1982 年英国科学政治研究所的弗里曼教授（C. Freeman）在其出版的《产业创新经济学》修订本中，明确指出：“在经济学的意义上，只有首次被引进商业贸易活动的那些新产品、新工艺、新制度或新设计才能称得上创新。”英国经济学家斯通曼（P. Stoneman）则认为，技术创新是首次将科学发明引入到生产系统，开发出新系统，并最终在市场上实现销售的完整过程。1976 年美国国家科学基金会（NSF）将技术创新定义为：技术创新就是将新的或改进的产品、过程或服务引入市场。

在我国，技术创新的概念也引起了专家学者的关注，许多专家学者也对技术创新的概念进行了定义。清华大学的傅家骥教授等在其著作《技术创新学》（1998）中，将技术创新定义为：“技术创新是企业家抓住市场潜在盈利机会，以获得商业利益为目标，重新组织生产条件和要素，建立起效能更强、效率更高和费用更低的生产经营系统，从而推出新的产品、新的生产（工艺）方法、开辟新的市场、获得新的原材料或半成品供给来源或建立企业的新组织，它包括科技、组织、商业和金融等一系列活动的综合过程。”浙江大学的许庆瑞教授认为：“技术创新是从新思想的形成到生产出满足用户需求的产品的整个过程，是企业抓住市场的潜在盈利机会，以获得商业利益为目标，组织生产条件和要素，建立起效能更强、效率更高和费用更低的生产经营系统，它包括科技研发、要素组织、商业运行等一系列活动。”西安交通大学汪应洛教授认为：“技术创新就是建立新的生产体系，使生产要素和生产条件重新组合，以获得潜在的经济效益；就是从新概念的建立，到形成物质生产力，并成功地使创新产品成批进入市场的整个过程。”

随着经济全球化和可持续发展观念的持续深入发展，以纯功利眼光看待科学技术，忽视自然生态价值的传统技术创新理论在现代引起了一些专家学者的质疑和思考。因此，绿色技术创新理论应运而生，其也成为绿色新兴产业诞生和发展不可替代的重要路径。当前，国内外研究主要体现在三个方面：一是绿色技术创新的相关内涵研究。绿色技术从根本上来说是一种环境友好技术，具有明显的可持续发展属性，兼具突破性创新和渐进性创新两种技术创新的特征，涉及的行业也包含低碳、节能减排、清洁能源、生物技术等多个领域。二是绿色技术创新的演化过程研究。学者们从技术转移的视角，认为绿色技术创新包括了从绿色新技术知识创造到市场商业价值实现的各个环节和阶段，涉及的技术创新主体包括社会组织、科研机构、企业和政府相关部门等。三是绿色技术创新的社会效益研究。由于绿色技术创新的特殊性，使得绿色技术创新的效益在企业经济效益之外还带来长久的生态效益和社会外部正效应。

3.2 转型发展相关理论

3.2.1 经济增长理论

经济增长的问题是每一个社会发展所必然关心的问题，当然也是经济学家关心和研究的领域。从经济社会诞生之日起，经济问题就无时无刻不影响着社会的发展和稳定，经济学的发展并非一蹴而就，而是经历了无数经济学家的研究，从古希腊的色诺芬到英国的亚当·斯密，从古希腊的经典经济学研究著作《经济论》《希腊的收入》，到近代英国经济学家的研究著作《经济表》《国民财富的性质和原因研究》，再到现代经济学家熊彼特的《经济发展理论》，对于经济问题的研究一直未曾消失，而且逐渐得到重视，研究也逐渐深入。经济学家们都比较关注经济增长，也就是社会财富增加的问题，试图寻找影响社会财富增长和经济增长的核心问题或要素，寻求经济增长和发展的规律。

（1）古典经济增长理论

英国近代著名的古典经济学代表人物亚当·斯密关于社会经济增长的研究对后来的经济学家影响深远。他的代表著作《国民财富的性质和原因研究》中着重研究了社会经济增长中的国民财富积累的问题。他在著作中深入分析了社会经济增长的性质、原因和影响经济增长的因素，他认为劳动、土地和资本三个基本要素对于经济增长起到基础性的作用。在分析社会经济增长原动力的问题上，亚当·斯密认为社会劳动分工的日益深化和提高是根本，特别是劳动力的熟练程度对于社会财富的积累具有积极的促进作用。大卫·李嘉图是继亚当·斯密之后的又一位对古典经济理论做出重大贡献的经济学家之一。他的著作《政治经济学与赋税原理》（1817）论述和研究了收入与分配的关系，建立了收入分配模型，同时，大卫·李嘉图还将人口观点纳入影响长期收入的影响因素，并称之为核心性的因素。大卫·李嘉图对经济增长问题的研究，继承和发展了亚当·斯密的理论。

（2）新古典经济增长理论

新古典经济增长理论中的典型方程式为：

$$Y(t)=A(t)K^{\alpha}L^{\beta}e^{\mu}$$

通过变形可得：

$$\frac{\Delta Y_t}{Y_t}=\frac{\Delta A_t}{A_t}+\alpha\frac{\Delta K_t}{K_t}+\beta\frac{\Delta L_t}{L_t}$$

其中，$\frac{\Delta Y_t}{Y_t}$ 为社会经济增长率，Y 为国民生产总值或人均国民生产总值；$\frac{\Delta A_t}{A_t}$、$\frac{\Delta K_t}{K_t}$ 和 $\frac{\Delta L_t}{L_t}$ 分别为全要素生产率增长率、资本增长率和劳动增长率；而 $\alpha\frac{\Delta K_t}{K_t}$ 和 $\beta\frac{\Delta L_t}{L_t}$ 分别表示资本和劳动投入的贡献份额，它们除以 $\frac{\Delta Y_t}{Y_t}$ 所得的商就是各自在经济增长中的贡献。当资本和劳动力的增长率已知，α、β 为相应资本和劳动要素的产出弹性。新古典经济增长方程为：

$$\ln Y_t=\ln A_t+\alpha\ln K_t+\beta\ln L_t$$

3.2.2　发展经济学理论

发展经济学是 20 世纪 40 年代后期在西方国家逐步形成的一门综合性经济学分支学科，是适应时代的需要兴起的，在经济学体系中逐渐形成的一门新兴学科，是主要研究贫困落后的农业国家或发展中国家如何实现工业化、摆脱贫困、走向富裕的经济学。发展经济学先后出现了结构主义、新古典主义、激进主义等理论学派。

（1）结构主义学派发展理论

结构主义出现在 20 世纪 40 年代末，初期的结构主义者认为发展中国家要尽快改变贫穷落后的状态。他们认为发展中国家的社会经济具有以下结构特点：劳动过剩、结构刚性、需求弹性低等，而改变这些问题就必须进行经济结构上的转变，他们特别强调资本积累、工业化、计划化，由此对发展中国家的经济发展提出若干设想。

普雷维什提出“中心—外围”体系，将资本主义世界划分为两个部分：发达国家处于生产结构同质性和多样化的“中心”，即处于控制的地位；发展中国家则处于生产结构异质性和专业化的“外围”，即处于依附的地位。普雷维什认为在资产阶级工业革命后，率先技术进步的国家成为世界经济体系的“中心”，而处于落后地位的国家只能成为“外围”，从资本主义“中心—外围”体系的起源、运转和发展趋势方面看，发展中国家与发达国家之间的关系是不对称的，是不平等的。

刘易斯提出发展中国家一般存在二元经济结构，即一个是传统的农业部门，生产效率低、收入也低；另一个是以现代化方式进行生产的城市工业部门，生产效率高、收入也高。传统的农业部门存在着大量的剩余劳动力，他们的边际生产率为零。城市工业部门的劳动者均已就业，他们的收入水平高于农业部门劳动者，这就使得农业部门中的剩余劳动力流向城市工业部门。这促进了工业的进一步发展，解决了农业部门剩余劳动力问题，提高了整体的劳动生产效率，缓解了发展中国家经济贫困问题，有助于发展中国家逐步实现现代化。

（2）新古典主义学派发展理论

随着二战结束后经济全球化进一步发展，发展中国家的经济与设想的结果不相一致，结构主义并没有使发展中国家摆脱经济落后的状况，经济学界开始使用新古典主义的思路。新古典主义的思想主要是反对国家干预经济，尤其是反对计划经济，主张自由的经济市场。

美国经济学家舒尔茨认为结构主义学派不重视农业发展、极度推崇工业化已经损害了农业，这种不恰当的经济政策影响了发展中国家的经济发展，使得发展中国家的整体发展受阻。他提出农业部门对经济发展具有重要作用，具有重要的经济价值，促进农业发展就必须重视人力资本投资，尤其是提高劳动者素质，给农民经济机会。

库兹涅茨指出经济落后的原因主要是制度的缺陷。库兹涅茨指出了国民总收入、收入分配结构、生产率、产业结构等经济变量在经济增长过程中的变化趋势、特点及相互间的联系。他建立的“倒U曲线”表明，在经济发展初期，尤其是国民人均收入从最低增加到中等水平时，收入分配状况先趋于恶化，继而随着经济发展逐步改善，最后达到比较公平的收入分配状况。

（3）激进主义学派发展理论

激进主义学派的经济学家对新古典主义持彻底的批判态度，他们运用马克思主义理论揭示了发达国家对发展中国家的国际剥削关系，发展中国家对发达国家的依附，以及发达国家与发展中国家的不平等交换，认为发展中国家经济的落后是资本主义全球体系的一部分。

激进主义学者对“中心一外围”理论提出了更为激进的观点，认为发展中国家的经济发展受阻来源于两个方面：一是本国的资产阶级无视整体的经济发展只顾自身利益；二是发达国家将发展中国家作为资源供应地，以此来巩固自己的统治势力。桑克尔认为发达国家利用二者间不同的产业结构和资本积累来控制、剥削发展中国家，造成了发展中国家在经济和政治上的扭曲，使得被剥削国家内部出现了阶级冲突和两极分化，最终造成发达国家和发展中国家之间的两极分化。激进主义学者认为这种资本积累只对“中心”国家有利，“外围”国家只有从中脱离出来，才有发展的可能，发展中国家依靠资本主义国家政府解决经济贫困问题是困难的，在资本主义存在的前提下要改变种族主义、性别歧视、就业困难等问题也是行不通的，所以改革制度结构是必须的，必须进行社会主义革命。激进主义学者对资本主义的批判为我国提供了反面例证，在转型发展的过程中要防疫资本主义的弊病，要注意并及时解决外部破坏、生态失衡、财富分配两极化等问题。

3.3　绿色创新与转型发展的相关理论

3.3.1　可持续发展理论

可持续发展，也称为“持续发展”，最早于 1972 年由斯德哥尔摩联合国人类环境研讨会正式提出。1987 年，在联合国世界环境与发展委员会的报告中，正式将“可持续发展”定义为“既能满足当代人的需要，又不对后代人满足其需要的能力构成危害的发展”。此定义也是目前影响最广泛的定义。此后，许多不同领域的专家学者以可持续发展为核心，从自然、社会、经济等方面提出了与可持续发展相关的定义。

侧重于自然属性的定义有：(1) 世界自然保护联盟 1991 年的定义：“改进人类的生活质量，同时不要超过支持发展的生态系统的负荷能力。”(2) 国际生态联合会和国际生物科学联合会的定义：“保护和加强环境系统的生产和更新能力。”

侧重于社会属性的定义有：(1) 以人类社会为落脚点，在 1991 年发表的

《保护地球——可持续生存战略》中的定义为："在生存于不超过维持生态系统蕴含能力的情况下，改善人类的生活品质。"（2）布朗认为可持续发展是"人口规模处于稳定、高效利用可再生能源、集约高效的农业、生态系统的基础得到保护和改善、持续发展的运输系统、新的工业和新的工作、经济从增长到持续发展、政治稳定、社会秩序井然的一种社会发展。"

侧重于经济属性的定义有：（1）巴布尔 1985 年将可持续发展定义为："在保护自然资源的质量和其所提供服务的前提下，使经济发展的净利益增加到最大限度。"（2）皮尔斯则将可持续发展定义为："当发展能够保证当代人的福利增加时，也不应使后代人的福利减少。"

从三个方面的定义可以看出，自然属性定义强调生态可持续发展要与资源和环境的承受力相协调；社会属性定义强调社会可持续发展目的在于改善人类生活质量，提高人类健康水平，创造一个良好的社会环境；经济属性定义强调不仅要重视经济数量增长，更要追求质量的改善和效益的提升。在可持续发展定义侧重点不同的情况下，可持续发展的原则也略有不同。《保护地球》一书中提出了 9 条可持续发展原则，《里约宣言》列出了 27 条原则。在众多原则下，以下几条是重点原则：

（1）公平性原则。公平性原则包括代内公平和代际公平。代内公平是指本代内所有人，不论国籍、种族、性别、经济发展水平和文化等方面的差异，对利用自然资源和享受清洁、良好的环境享有平等权利。代际公平是指在自然资源的拥有量相对稳定在某一水平上，不同代际之间公平使用资源，使得后代人能够更加持续地发展。资源的分配和利用既要满足当代人的需要，又要不影响后代人的持续发展。

（2）共同性原则。由于地球具有整体性，各个国家和地区相互影响，现代全球环境一经济一社会系统联系日益紧密，人类需要做好人类社会和自然生态系统的协调、人类社会各子系统之间的协调等多方面的协调。所以，人类需要有共同的目标，维持生态系统和人类的和谐关系，为全人类谋福利，同时，人类在保护生态环境、缩小经济差距方面也需要合作，共同实现持续发展。

（3）可持续性原则。可持续性原则的核心是指人类社会经济发展不能超过资源与环境的承载能力。鉴于生态系统的持续性，人类应该在生态可能的情况下调整自己的生活方式和对资源的要求，将其消耗目标确定在一定的范围内。此外，人类在开发和利用自然资源的同时，要认识和掌握人类和自然和谐共生的规律，从而保护和改善自然资源，实现可持续发展。

（4）除去公平性原则、共同性原则、可持续性原则外，还有质量原则、时序性原则、发展原则等众多原则，这些原则相互联系，相互渗透，共同组成可持续发展理论的丰富内涵。

为将可持续发展理论更加深入地应用于实践中，企业和政府高度关注绿色创新。绿色创新与可持续发展存在相互依存、相互促进的关系，并且绿色创新正在逐渐替代传统的技术创新，成为企业可持续发展的新方向。首先，可持续发展理论推动了绿色创新的加速发展，产生了绿色技术创新、绿色产品创新、绿色工艺创新等多种创新模式，一定程度解决了环境、能源等问题。其次，绿色创新是实现经济可持续增长的动力，绿色创新能够避免以自然环境为代价带来经济发展的局面，而且通过制造绿色产品、拓宽绿色创新领域等方式，使得政府更加激励绿色创新，期望带来更大的环境效益和经济效益。

3.3.2　经济转型发展理论

经济转型发展理论起源于产业结构调整理论。在学术界，关于产业结构调整的理论以英国经济学家刘易斯的二元经济理论最具代表性。刘易斯认为，国民经济由农业和工业这两大部门构成，这两大部门形成产业结构，产业结构是否合理就在于其二者能否协调发展。刘易斯强调，随着工业化进程的推进，工业在产业布局中的比例增大，由此，工业发展情况更能反映国民经济发展状况，更能体现国家产业结构的基本情况。美国经济学家罗斯托提出了主导部门理论，他将国民经济发展分成六个部分，每个部分中都有一个主要部门发挥主导型作用，并结合三次工业革命的发展进程进行解析，提出主导产业部门经历了“农业—轻工业—加工重工业—服务业”转变的观点，他认为主导产业的不断变化，也促进了产业结构的转型与优化。固然，合理的产业结构是保证国民经济正常运行的基础，但不合理的产业比例关系却是经常存在的现象，在这种情况下，关键的解决措施即优化各产业的比例，促进产业结构优化升级，推动资源和劳动密集型产业向技术密集型产业转变，增加产品的科技附加值。由此可见，产业结构在演变和转型过程中主要呈现三个主要特征：一是从第一产业向第二、第三产业演变；二是从资源和劳动密集型产业向科技密集型产业转变；三是产业结构呈现由低到高的产业发展格局。另外，产业结构伴随着经济发展和技术创新的推动，其内部会发生规律性的演变。西方学者在产业结构与转型理论方面做过大量研究，其中具有代表性的包括英国经济学家克拉克、美国经济学家库兹涅茨、德国经济学家霍夫曼等。克拉克提出在经济发展水平不断提高的发展趋势下，劳动力人口在第一阶段主要是从第一产业向第二产业流动，而在第二阶段则是从第二产业向第三产业流动。这种劳动力人口流动遵循的规律是从低收入产业流向高收入产业，反映着当时这个国家的经济状况。第二、第三产业的劳动力人口越多，国家经济发展状况越好；反之则亦然。库兹涅茨则是通过对 20 多个国家进行具体案例研究，发现农业劳动力会随着时间的推移不断下降，工业部门的劳动力会大体不变或者稍有提升，而服务业则是劳动力比重上升最为明显的。由此，他指出在产业结构的演变过程中，服务产业是产业结构演变的新阶段。霍夫曼主要对工业结构的演变规律进行了深入探索，他通过对比，发现制造业中消费资料工业与资本资料工业的净产值关系呈现不断下降的规律，这表明工业发展到达一定程度就会进入放缓甚至是停滞的状态，这是由工业产业结构自身的特性所决定的。以上三位著名学者关于产业结构与转型理论的研究均较为系统地分析了产业发展趋势与产业结构演变之间的关系，为研究经济转型发展提供了重要的理论基础。

高质量发展是 2017 年中国共产党第十九次全国代表大会首次提出的新表述，表明中国经济由高速增长阶段转向高质量发展阶段，正处在转变发展方式、优化经济结构、转换增长动力的攻关期。“转型发展”就是能够很好地满足人民日益增长的美好生活需要的发展，是体现新发展理念的发展，是创新成为第一动力、协调成为内生特点、绿色成为普遍形态、开放成为必由之路、共享成为根本目的的发展。

经济转型发展作为引领中国当前和未来经济发展实践的导航，不但体现了马克思主义经济理论，而且凝结了几代中国共产党人对中国经济发展探索的智慧结晶。马克思认为，“商品必须具有一定质量”，提出产品质量好坏程度及使用价值程度受劳动质量的影响，还取决于产品的完善程度和劳动合乎自身目的的性质。只有生产资料的质与一定质的劳动力相适应，才能更好促进经济的增长与发展。

他还认为，经济发展以满足人的需要为目的，也就是以使用价值为目的，以人本身为目的。经济转型发展就其本质和内涵而言，是新的发展理念、发展方式、发展战略，是经济发展理论的重大创新。转型发展坚持“质量第一、效率优先”的思路，以创新为主要着力点，实现共享发展的目标。推动转型发展，既是保持经济持续健康发展的必然要求，也是适应我国社会主要矛盾变化和全面建成小康社会、全面建设社会主义现代化国家的必然要求，更是遵循经济发展规律的必然要求。

3.4　本章小结

本章从绿色创新、转型发展以及绿色创新与转型发展三个视角分别介绍了其相关理论，具体包括：

（1）在绿色创新方面，主要分析了“波特假说”和技术创新理论。在“波特假说”方面，主要分析了“波特假说”实际上涵盖的两个阶段：第一个阶段是环境政策与企业绿色技术创新的关系；第二个阶段是企业绿色技术创新与企业竞争力的关系。根据发生的阶段不同，“波特假说”可以进一步区分为“弱波特假说”和“强波特假说”。在技术创新理论方面，主要分析了技术创新理论的内涵、演变过程以及其社会效益。

（2）在转型发展方面，主要分析了经济增长理论和发展经济学理论。其中，经济增长理论包括古典经济增长理论、新古典经济增长理论等；发展经济学理论包括结构主义学派发展理论、新古典主义学派发展理论与激进主义学派发展理论等。

（3）在绿色创新与转型发展方面，主要分析了可持续发展理论与经济转型发展理论两类，为后文理论分析奠定了理论基础。在可持续发展理论方面，主要介绍了其三个方面的定义以及几条重点原则。在经济转型发展理论方面，主要介绍了其理论起源以及在中国的实践运用情况。

第4章　绿色创新与转型发展指标体系构建

绿色创新水平与转型发展水平的具体表现形式多种多样，其测度方式也存在较大差异，为更加准确具体地反映绿色创新水平与转型发展水平，构建绿色创新与转型发展评价指标体系尤为重要。本章内容主要分为四个部分：第一部分通过科学性、系统性、典型性、可操作性以及独立性与协同性相结合五大原则介绍了构建指标体系所需遵循的基本原则；第二部分介绍了指标体系的测度方法和模型，包括熵值法、主成分分析方法以及 SBM-DEA 模型等；第三部分主要构建了省级行政区绿色创新与转型发展的指标体系；第四部分主要构建了城市绿色创新与转型发展的指标体系。

4.1　指标体系构建原则

运用指标体系进行评估是实现目标管理的工具，更是推动绿色创新和转型发展的科学举措。根据绿色创新和转型发展评估指标的结果，按照导向性、公正性、可行性和可比性原则，可以充分发挥监测考核的“晴雨表”和“指挥棒”作用，引导各地创新发展、突破发展瓶颈、化解风险矛盾，从以要素驱动、投资规模驱动发展为主向以绿色创新和转型发展为主进行转变。由于评价指标体系不仅要阐释和说明各准则层的具体情况，还要较为直观地体现指标体系的整体情况。因此，在构建指标体系时，要遵循科学性、系统性、典型性、可操作性以及独立性与协同性相结合这五大原则。

4.1.1　科学性原则

科学性原则是评价一切事物不可或缺的原则，如果指标体系过大或过小，都不利于做出正确的评价，过大会造成信息的重复率提高与可用价值降低，过小又会造成信息的不全面。因此，我们必须从发展规律出发，科学严谨地选择指标，进而提高选取指标的质量和效率，才能保证做出的评价是真实有效的。绿色创新水平与转型发展评价指标体系所采用的客观数据必须能够真实地描述绿色创新水平与转型发展在不同区域的变化趋势和现状；指标体系的构建必须能够反映经济体系向绿色创新与转型发展方向演变的本质，让使用者能够对目标对象产生准确而有效的评价。

4.1.2　系统性原则

指标体系是一个完整体，在构建指标体系时系统性原则尤为重要，系统性原则也是构建指标体系的重要原则。首先，在指标体系构建内容上，应基于绿色创新与转型发展的内在逻辑基础，坚持全局意识和整体观念，在经济、社会、环境、技术创新等方面建设相关指标，从宏观到微观、从总指标到分级指标全面系统地反应绿色创新与转型发展的现状。其次，在指标设立上，结合绿色创新与转型发展现状，既要有反映发展现状和发展潜力的静态指标，又要有反映外部环境应对能力的动态指标。最后，在指标体系构建结构上，应做到各分级指标与总指标紧密联系，各总指标之间彼此联系又相互独立，自上而下且层次分明，形成一个不可分割的有机整体。

4.1.3　典型性原则

绿色创新与转型发展指标体系的构建在遵循科学性和典型性原则的同时，不能只从一般性的角度确定指标，还需要突出主题的典型性。在选取评价指标时不但要注重绿色创新的整体发展情况，还要从多个维度和多个层次综合选取典型指标进行考量和评价，这样才能使评价结果更加全面且具有代表性。这要求坚持绿色、转型与发展相结合，保证资源环境可持续发展，突出八大领域结构转型发展。要确保选取的指标具有典型性，最好能够反映出绿色创新驱动转型发展的特点，以提高准确性和可靠性。

4.1.4 可操作性原则

绿色创新和转型发展的评价指标体系是以最终实施为目的，因此要具有可操作性原则。该原则要求每一个具体指标必须做到主体明确、阶段目标清晰和实施措施可行。构建评价指标体系，既要着眼于体现新发展理念的要求，科学建构评价指标体系，更要考虑到在实际工作中获取各项指标的可能性、可靠性和可行性。同时，指标体系要简明扼要，指标的获取性强，便于实际应用。目前，世界各国的统计核算指标较多，既不便于指标数据收集加工和处理，也不便于使用，因此，在建立评价指标体系时应力求简单、明了，不仅要选择主要的、有代表性的指标，又要保证指标的含义清晰，符合统计规范，在实际运用中具有较强的可操作性。此外，指标要大小适宜，粗而不失描述系统目标的主体本质特征，细而不失建立和规范实施的可能性。

4.1.5 独立性与协同性相结合的原则

指标体系是由若干个反映社会经济现象总体数量特征的相对独立又相互协同的统计指标所组成的有机整体。因此，绿色创新和转型发展指标体系应当目标明确、定位清晰，与现有其他研究成果的绿色创新和转型发展指标体系相比有所创新，这样才能体现自身的价值和独特性，并且在同一层次上要相对独立，彼此间不存在因果关系。同时，协同性原则要求指标体系的各项指标具有关联性，绿色创新和转型发展指标体系中的各项指标要相互关联，而且设计的指标体系也要与现行的政策指标体系和统计体制机制相协调、相联系。

4.2 指标体系的构建方法和模型

4.2.1 熵值法

熵值法是借鉴信息论中“熵是对不确定性的一种度量”的概念所形成的一种综合评价方法。信息量越大，不确定性就越小，熵也就越小，指标权重越大；信息量越小，不确定性越大，熵越大，指标权重越小。

熵值法所反映的重要程度是由同一个指标观测值之间的差异程度决定的。因此，熵值法是一种客观赋权法，它依据指标的重要程度进行赋权。从目前的参考文献看，评价体系的权重确定可分为两大类：一类是主观赋权法，即根据专家的经验主观判断确定，如德尔菲法、层次分析法等；另一类是客观赋权法，即根据评价指标的实际数据确定，如主成分分析法、熵值法、相关度法等。熵值法是一种基于计算指标信息熵来相对客观地确定指标权重的赋权法，由于其能够避免人为因素对指标权重带来的随机性与臆断性的影响，且具有精度较高和适应性强等特点，因此被广泛运用于确定指标权重的过程中。熵值法的具体步骤为：

$$x'_{ij} = \frac{x_{ij} - \min x_{ij}}{\max x_{ij} - \min x_{ij}} \tag{4.1}$$

在（4.1）中对原始数据 x_{ij} 进行标准化，其中 x_{ij} 为原始数据，x'_{ij} 为标准化后的数据，$\max x_{ij}$ 为原始数据的最大值，$\min x_{ij}$ 为原始数据的最小值。

$$p_{ij} = \frac{x'_{ij}}{\sum_{i=1}^{n} x'_{ij}} \quad (i=1,\ 2,\ \cdots,\ n;\ j=1,\ 2,\ \cdots,\ m) \tag{4.2}$$

将各指标同度量化，计算（4.2）中第 j 项指标中各样本 i 的比重 p_{ij}，其中，n 为样本个数，m 为指标个数。

$$e_j = -k \sum_{i=1}^{n} p_{ij} \ln(p_{ij}) \tag{4.3}$$

其中 $k = \frac{1}{\ln(n)}$。通过（4.3）计算第 j 项指标的熵值 e_j。

$$g_j = 1 - e_j \tag{4.4}$$

通过（4.4）计算第 j 项指标的信息效用值 g_j。

$$w_j = \frac{g_j}{\sum_{j=1}^{m} g_j} \tag{4.5}$$

通过（4.5）计算各指标 j 的权重 w_j。

$$F_i = \sum_{j=1}^{m} w_j x'_{ij} \tag{4.6}$$

通过（4.6）计算各样本 i 的综合得分 F_i。

通过以上步骤，即可以测算出综合得分 F，用 F 作为测算变量的替代值。

4.2.2 主成分分析

主成分分析方法是进行数据分析、特征提取以及数据压缩的一种典型的数学统计分析方法。其作为基础的数学分析方法，在实际生活当中应用十分广泛，在人口统计学、数量地理学、分子动力学模拟、数学建模、数理分析等学科中均有应用。当研究的课题存在多变量时，课题就会随着变量个数的增加变得越来越复杂。无论何事，都希望处理的过程化繁为简，能够从少数变量当中获得更多的有效信息。虽然有些数据的数据量庞大且烦琐，其实在其变量之间都会或多或少存在着联系，如果两个变量相关，那么就可以认为从这两个变量中提取到的有效信息是相同的，因此取其一即可。主成分分析法就是找出原始数据当中存在相关关系的变量，给予剔除，获得的新数据中的变量两两互不相关，在删除重复相关信息的同时最大程度保留有效信息。主成分分析法的基本步骤如下：

$$\boldsymbol{x}=\begin{bmatrix} x_{11} & x_{12} & \cdots & x_{1q} \\ x_{21} & x_{22} & \cdots & x_{2q} \\ \vdots & \vdots & \cdots & \vdots \\ x_{n1} & x_{n2} & \cdots & x_{nq} \end{bmatrix} \tag{4.7}$$

第一步，原始数据的标准化。在（4.7）中，首先假设有 q 个个体，每个个体都有 n 个指标，这样就可以得到一个 $q*n$ 矩阵，x_{ij} 中的 i 表示了指标的个数，j 则表示着个体数，上面矩阵中的一列，代表了一个个体的一组指标值。对原始数据的标准化，就是对矩阵中的每一列，都做标准化的处理。i 表示标准化后的向量，标准化的公式如下：

$$z_{ij}=(x_{ij}-\bar{x}_j)/s_j \quad (i=1,2,\cdots,n;j=1,2,\cdots,q) \tag{4.8}$$

在（4.8）中，$\bar{x}_j$ 是第 j 列的均值，s_j 是第 j 列的方差。经过变换后，数据的方差就是 1，均值就是 0，它们总体会呈现标准正态分布。

$$r_{jk}=\frac{1}{n-1}\sum_{i=1}^{n} z_{ij}\, z_{ik} \tag{4.9}$$

第二步，对 z 求相关系数。如果想要表示第 j 个指标和第 k 个指标的相关系数，那么表达式如（4.10）所示。

$$\sum_{j=0}^{m} \lambda_j / \sum_{j=0}^{p} \lambda_j \geqslant 85\% \tag{4.10}$$

第三步，求 R 阵的特征根。R 阵里面有 q 个特征根，$\lambda_j\,(j=1,2,\cdots,q)$，可以按照以下的不等式确定主成分 m 的个数。

$$\alpha_g = \frac{\lambda_g}{\sum_{g=0}^{m} \lambda_g} \tag{4.11}$$

第四步，计算贡献率。根据（4.11）可以计算出贡献率，α_g 是方差贡献率，表示每个分量可以说明的原始分量分担的信息量。

通过上述四个步骤，即可得出最终得分来作为测算变量的替代值。

4.2.3　SBM-DEA 模型

数据包络分析（Data Envelopment Analysis，DEA）最早由美国运筹学研究者 Charnes、Cooper 和 Rhodes 于 1978 年提出，是一种基于线性优化的非参数方法，广泛应用于运筹学和经济学中的效率评价问题。DEA 方法的主要优点是它能够适应多种投入和产出，并且在计算效率时考虑了规模收益，允许根据规模和产出水平增加或减少效率。随着这种方法的发展和广泛使用，研究者们提出了多种子模型。这些演化出来的子模型按比例调整可分为三类：径向模型（BCC，CCR）、非径向模型（SBM，NDDF）以及与其他评估工具相结合的模型（LCA＋DEA）。DEA 的评估结果对模型的选择、投入和产出的选择很敏感，对 DEA 模型使用者的专业性提出了要求。

为了克服传统数据包络分析的测算误差，较好地处理投入产出变量的松弛型问题，体现效率值的本质属性，本项目使用非角度、非径向的方法测算绿色技术创新效率。假设有 n 个决策单元，每个决策单元都会有对应的投入（X）、期望产出（Y^a）和非期望产出（Y^b），其中 $X=(x_1,x_2,\cdots,x_m)\in R_{i\times m}$、$Y^a=(y_1^a,\ y_2^a,\ \cdots,\ y_m^a)\in R_{r\times m}$，$i$ 表示第 m 个决策单元的第 i 种投入，r 表示第 m 个决策单元的第 r 种期望产出，s 表示第 m 个决策单元的第 s 种非期望产出。模型基本形式为：

$$\tau = \min \frac{1 - \frac{1}{i}\sum_{j=1}^{i}\frac{r^-}{x_{j0}}}{1 + \frac{1}{r+s}\left(\sum_{k=1}^{r}\frac{r_k^a}{y_{k0}^a} + \sum_{l=1}^{s}\frac{s_l^b}{y_{l0}^b}\right)}$$

$$\text{s. t. } x_0 = \mu X + \lambda^-$$

$$y_0^a = \mu Y^a + \lambda^{a-}$$

$$y_0^b = \mu Y^b + \lambda^{b-}$$

$$\mu \geqslant 0, \lambda^- \geqslant 0, \lambda^{a-} \geqslant 0, \lambda^{b-} \geqslant 0 \tag{4.12}$$

式中λ^-、λ^{a-}、λ^{b-}表示投入、期望产出和非期望产出的松弛变量，μ表示权重向量，$\tau \in [0,1]$代表目标效率值。当松弛变量值为0时，目标效率值为1，说明该决策单元有效；当$\tau < 1$时，决策单元非有效，此时要考虑改进生产的投入与产出。由于绿色创新过程肯定会诱发“环境效应”，即非期望污染物的排放，不同城市的绿色技术创新效率也有可能会同时出现在DEA前沿面，出现决策单元同时有效的情况，此时会存在决策单元的评价偏差。借鉴Tone（2002）的研究方法来剔除决策单元(x_0, y_0)，有限生产可能集的做法为：

$P \setminus (x_0, y_0) =$

$$\left\{(\bar{x}, \bar{y}^a, \bar{y}^b) \middle| \bar{x} \geqslant \sum_{j=1}^{m}\mu_j x_j, \bar{y}^a \leqslant \sum_{k=1}^{m}\mu_k y_k^a, \bar{y}^b \leqslant \sum_{l=1}^{m}\mu_l y_l^b, \bar{y}^a \geqslant 0, \bar{y}^b \geqslant 0, \mu \geqslant 0\right\}$$

选择基于VRS的Super-SBM模型，数学非线性规划为：

$$\tau' = \min \frac{\frac{1}{i}\sum_{j=1}^{i}\frac{\bar{x}_j}{x_{j0}}}{\frac{1}{r+s}\left(\sum_{k=1}^{r}\frac{\bar{y}_k^a}{y_{k0}^a} + \sum_{l=1}^{s}\frac{\bar{y}_l^b}{y_{l0}^b}\right)}$$

$$\text{s. t. } \bar{x} \geqslant \sum_{j=1}^{m}\mu_j x_j$$

$$\bar{y}^a \leqslant \sum_{k=1}^{m}\mu_k y_k^a$$

$$\bar{y}^b \leqslant \sum_{l=1}^{m}\mu_l y_l^b$$

$$\sum_{j=1}^{m}\mu_j = 1$$

$$\bar{x} \geqslant x_0, \bar{y}^a \leqslant y_0^a, \bar{y}^b \leqslant y_0^b, \bar{y}^a \geqslant 0, \bar{y}^b \geqslant 0, \mu \geqslant 0 \tag{4.13}$$

为了克服由于径向和角度造成的传统 DEA 测算偏差问题，Tone（2004）提出了考虑松弛变量的非径向、非角度的 SBM 模型。在解决松弛度问题的基础上使非期望产出指标与投入指标中能源消耗等因素相匹配，进一步提高效率测算的准确性以及评价结果的科学性。杨树旺等采用非径向、非角度的包含非期望产出的 SBM-DEA 模型对绿色创新效率进行了测算，认为解决松弛问题使得测算结果出现偏差的可能性大幅降低。随着研究的不断深入，部分学者开始结合投影寻踪模型（PP）处理高纬数据，利用改进后的随机前沿模型（SFA）估算工业企业绿色技术创新效率。虽然非径向、非角度包含非期望产出的 SBM-DEA 模型能够较好地避免松弛性问题以及单一产出变量造成的结果偏差，但仍无法准确体现企业绿色技术创新的真实性。

4.3　省级行政区绿色创新与转型发展指标体系构建

4.3.1　省级行政区绿色创新指标体系构建

测度绿色创新（GI）较为常用的方法是 DEA 法，为避免传统 DEA 法的局限性，本书构建非角度、非径向的 SBM-DEA 模型来测度绿色创新，涉及投入、期望产出和非期望产出等三个指标变量。根据彭文斌等（2019）的做法，选取规模以上企业 R&D 经费和人员全时当量作为投入，国内专利申请数和授权量作为期望产出，工业“三废”排放总量作为非期望产出（表 4.1）。

表 4.1　省级行政区绿色创新指标体系

目标层	一级指标	二级指标
省级行政区绿色创新指标体系	投入	规模以上企业 R&D 经费
		人员全时当量
	期望产出	国内专利申请数
		国内专利授权量
	非期望产出	工业“三废”排放总量

4.3.2　省级行政区转型发展指标体系构建

本书主要借鉴了张士杰和饶亚会（2016）的组合评价体系构建思想，选取数量增长、发展动力、资源环境、经济结构和社会发展五个层面的指标作为一级指标，对省级行政区转型指标体系进行了构建，每个一级指标下设立两个二级指标，由此构成较为完整的体系（表 4.2）。

表 4.2　省级行政区转型发展指标体系

目标层	一级指标	二级指标
省级行政区转型发展指标体系	数量增长	全要素生产率
		人均 GDP 增长率
	发展动力	非国有经济就业人数与国有经济就业人数比
		实际 GDP 占就业总人数比重
	资源环境	万元 GDP 能耗
		人均碳排放
	经济结构	第三产业增加值占 GDP 比重
		高技术产业主营业务收入占规模以上工业企业主营业务收入比重
	社会发展	城乡收入比
		失业率

4.4　城市绿色创新与转型发展指标体系构建

4.4.1　城市绿色创新指标体系构建

绿色创新水平的测度一直是个热点问题，目前学者们采取的主要方式有三种：一是采用单一指标对绿色创新水平进行衡量，如环境政策、绿色专利数、有毒气体排放量等；二是利用熵值法或主成分分析法等数理统计方法，选取多维度多指标测算绿色创新综合指数来评价绿色创新水平；三是基于投入产出视角，依据数据包络分析方法（DEA）的基本思想，通过选取不同投入产出变量测算绿色创新效率来衡量绿色创新水平。经过长期摸索，目前广泛倾向采用以非径向、非角度的 DEA 进行分析，在考虑非期望产出的基础上有效避免松弛型等问题，计算得到的结果能够较为准确地反映绿色创新水平。本书基于 SBM-DEA 模型对绿色创新水平进行测算。其中，绿色创新变量投入、产出组成部分的指标选取借鉴彭文斌等的做法（见表 4.3），利用 DEA-SOLVER-Pro5.0 软件进行测算，得到绿色创新水平的度量值。

表 4.3　城市绿色创新指标体系

目标层	一级指标	二级指标	三级指标
城市绿色创新指标体系	投入	人力投入	从业人员中科技人员数
		财力投入	地方财政科技投入
	期望产出	经济效益产出	专利申请授权数
	非期望产出	环境效益产出	工业废水、二氧化硫、烟尘排放量

4.4.2　城市转型发展指标体系构建

不同于传统经济增长片面追求经济"量"的增加，城市转型发展在考虑经济"量"的增长的基础上更重视"质"的发展，因此，度量城市转型发展必须综合考量。具体而言，本书将绿色创新看作是激发城市转型发展的基础动力，从经济规模、经济结构、经济效率、经济福利四个维度来描述城市转型发展的内涵，具体指标体系如表 4.4 所示。基于上文所述设定，以 2005 年为基期，利用 SPSS 软件对表 4.4 所设指标数据进行因子分析，得出最终得分来测度城市转型发展水平。

表 4.4　城市转型发展指标体系

目标层	准则层	指标层	单位
城市转型发展指标体系	经济规模	实际 GDP	万元
		社会销售品零售总额	万元
	经济结构	第三产业产值占 GDP 比重	
		各城市人均 GDP/全国人均 GDP	
	经济效率	实际 GDP/在岗职工平均人数	万元/人
	经济福利	公共财政支出占 GDP 比重	
		建成区绿化覆盖率	

4.5　本章小结

构建绿色创新和转型发展评价指标体系并对省级行政区和城市绿色创新和转型发展水平进行量化，有利于准确把握我国绿色创新与转型发展状况，找出各地区高质量转型发展的长处和短板，进而有效推动绿色创新和转型发展。

（1）指标体系的构建主要遵循科学性、系统性、典型性、可操作性和独立性与协同性相结合五种基本原则。在构建省级行政区、城市绿色创新和转型发展指标时借鉴了部分学者的做法，利用熵值法或主成分分析法等数理统计方法，选取多维度绿色创新、转型发展综合指数来评价绿色创新和转型发展水平。

（2）省级行政区绿色创新指标体系的构建主要涉及投入、期望产出和非期望产出等三个指标变量，其中，选取规模以上企业R&D经费和人员全时当量作为投入，国内专利申请数和授权量作为期望产出，工业三废排放总量作为非期望产出。省级行政区转型发展指标体系的构建选取数量增长、发展动力、资源环境、经济结构和社会发展五个层面的指标作为一级指标，对省级行政区转型指标体系进行了构建。

（3）城市绿色创新指标体系的构建主要基于SBM-DEA模型对绿色创新水平进行测算。其中，绿色创新变量投入、产出组成部分的指标选取包括人力投入、财力投入、经济效益产出与环境效益产出。城市转型发展主要从经济规模、经济结构、经济效率、经济福利四个维度来构建指标体系。

第 5 章　绿色创新与转型发展的时空演变

为准确把握绿色创新与转型发展的动态演变趋势及两者之间的相关关系，本章主要从三个部分进行详细阐述。第一部分，首先运用 DEA 模型测算全国 30 个省级行政区的绿色创新水平，并描述其时间和空间的演变与特征；其次采用基于 DEA 模型的 Malmquist 指数方法测算全国各省级行政区的转型发展水平，并分析其时间和空间演变与特征。第二部分，首先运用 DEA 模型测算全国 270 个城市的绿色创新水平，并描述其时间和空间演变与特征；其次运用因子分析法测算全国 270 个城市的转型发展水平，并分析其时间和空间演变与特征。第三部分，利用散点图初步探析绿色创新与转型发展的相关关系，为后续理论和实证研究做准备。

5.1　省级行政区绿色创新与转型发展的时空演变

5.1.1　省级行政区绿色创新的时空演变

（1）省级行政区绿色创新的时间演变

图 5.1 显示了 2001－2018 年全国 30 个省级行政区的平均绿色创新水平的变化情况。由图可知，全国 30 个省级行政区平均绿色创新水平整体表现出上升趋势。其中，在 2001－2008 年期间，绿色创新水平呈现缓慢增长态势，2009 年开始，绿色创新水平开始加速上升。

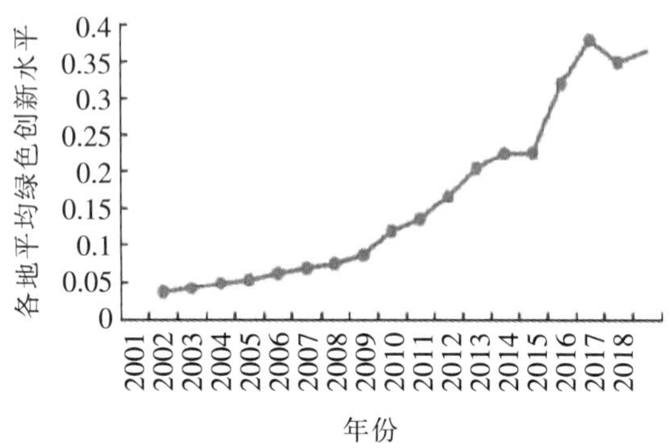

图 5.1　各地平均绿色创新水平的时间演变

从各地绿色创新水平的时间演变看（图 5.2），上海、北京、天津、广东、江苏、浙江等省级行政区的绿色创新水平呈现较强的上升态势，其余省级行政区则相对平缓。

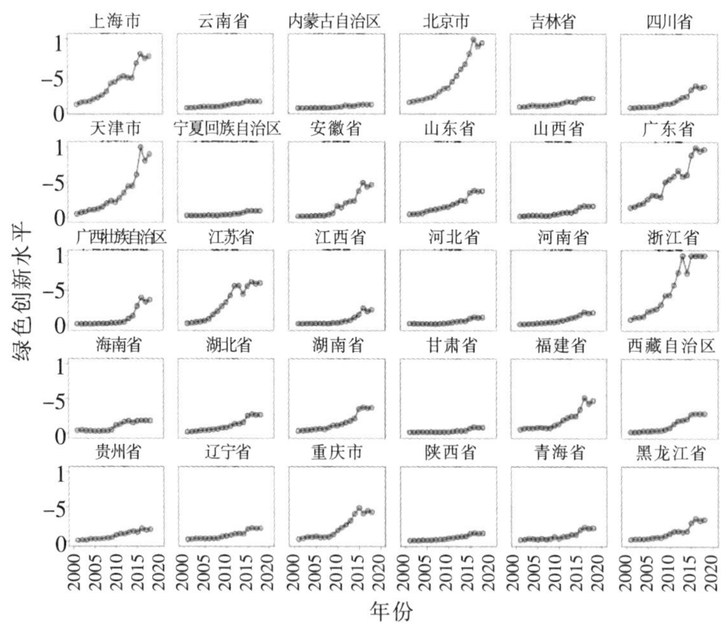

图 5.2　各地绿色创新水平的时间演变

（2）省级行政区绿色创新的空间演变

表 5.1、表 5.2 和表 5.3 分别呈现了 2001 年、2010 年和 2018 年全国 30 个省级行政区绿色创新水平的空间演变特征。从整体上看，具备高水平绿色创新的省级行政区在逐年增多，其中北京、浙江和广东 18 年来始终属于高水平绿色创新省级行政区，其他省级行政区的绿色创新水平都有不同程度的上升。从表 5.1 可以看出，在 2001 年，北京、广东、浙江属于高水平绿色创新省级行政区，天津、上海、福建、湖南和海南具有较高的绿色创新水平，其余省级行政区的绿色创新水平都较低。

表 5.1　2001 年各地绿色创新水平

2001 年	高（0.084134～0.139819）	较高（0.03623～0.063792）	低（0.010739～0.031627）
省级行政区	广东省、北京市、浙江省	上海市、福建省、天津市、山东省、海南省、湖南省	重庆市、黑龙江省、江苏省、辽宁省、江西省、河北省、吉林省、宁夏回族自治区、青海省、湖北省、广西壮族自治区、四川省、西藏自治区、云南省、河南省、甘肃省、贵州省、安徽省、内蒙古自治区、山西省、陕西省

从表 5.2 可以看出，在 2010 年，北京、浙江、上海、江苏和广东属于高水平绿色创新省级行政区，黑龙江、天津、山东、安徽、福建、海南、湖南和重庆属于较高水平绿色创新省级行政区，其余省级行政区的绿色创新水平则相对较低。相比于 2001 年，江苏省从较高水平绿色创新省级行政区上升为高水平绿色创新省级行政区，黑龙江、安徽、重庆从较低水平绿色创新省级行政区上升为较高水平绿色创新省级行政区。其他省级行政区绿色创新水平保持稳定。

表 5.2　2010 年各地绿色创新水平

2010 年	高（0.302591～0.546313）	较高（0.1137～0.212484）	低（0.019528～0.092098）
省级行政区	广东省、浙江省、上海市、江苏省、北京市	天津市、安徽省、重庆市、山东省、福建省、黑龙江省、海南省、湖南省	贵州省、湖北省、西藏自治区、辽宁省、四川省、吉林省、河南省、云南省、山西省、陕西省、青海省、宁夏回族自治区、江西省、河北省、广西壮族自治区、内蒙古自治区、甘肃省

从表 5.3 可以看出，在 2018 年，北京、天津、上海、浙江和广东属于高水平绿色创新省级行政区。黑龙江、山东、江苏、安徽、福建、海南、湖南、广西、重庆和四川属于较高水平绿色创新省级行政区，其余省级行政区的绿色创新水平相对较低。相比于 2010 年，天津、江苏从较高水平绿色创新省级行政区上升为高水平绿色创新省级行政区，广西和四川从低水平绿色创新省级行政区上升为较高水平绿色创新省级行政区。其余省级行政区的绿色创新水平保持稳定。综上所述，在2001－2018 年期间，我国具备高水平绿色创新的省级行政区正逐年增多，增长态势良好。

表 5.3　2018 年各地绿色创新水平

2018 年	高（0.75531375～1）	较高（0.2864305～0.60838675）	低（0.0664295～0.26702675）
省级行政区	浙江省、广东省、北京市、天津市、上海市	江苏省、福建省、安徽省、重庆市、山东省、湖南省、广西壮族自治区、四川省、黑龙江省、西藏自治区	湖北省、江西省、青海省、辽宁省、河南省、海南省、贵州省、山西省、吉林省、陕西省、河北省、云南省、宁夏回族自治区、甘肃省、内蒙古自治区

5.1.2　省级行政区转型发展的时空演变

（1）省级行政区转型发展指数的测算

本书采用基于 DEA 模型的 Malmquist 指数的方法，分析中国城市全要素生产率的动态变化特征。

Malmquist 生产率指数是基于 DEA 模型（5.1）的方法提出的，它利用距离函数的比率来计算投入产出效率。随着该指数的不断完善进步，有下列三个经典公式来说明 Malmquist 生产率指数的原理：

$$M_{i,t+1}(x_i^t, y_i^t, x_i^{t+1}, y_i^{t+1}) = \left[\frac{D_i^t(x_i^{t+1}, y_i^{t+1})}{D_i^t(x_i^t, y_i^t)} \cdot \frac{D_i^{t+1}(x_i^{t+1}, y_i^{t+1})}{D_i^{t+1}(x_i^t, y_i^t)}\right]^{1/2} \tag{5.1}$$

其中：x_i^t ，x_i^{t+1} 分别表示第 i 个地区在 t 和 $t+1$ 时期的投入向量；y_i^t ，y_i^{t+1} 分别表示在 i 地区 t 和 $t+1$ 时期的产出向量；$D_i^t(x_i^t, y_i^t)$ 和 $D_i^t(x_i^{t+1}, y_i^{t+1})$

分别表示以 t 时期的技术 T_t 为参照的、时期 t 和时期 $t+1$ 生产点的距离函数。

$$M_{i,t+1}(x_i^t, y_i^t, x_i^{t+1}, y_i^{t+1}) = \underbrace{\frac{D_i^{t+1}(x_i^{t+1}, y_i^{t+1})}{D_i^t(x_i^t, y_i^t)}}_{\mathrm{EF}_i^{t+1}} \underbrace{\left[\frac{D_i^t(x_i^t, y_i^t)}{D_i^{t+1}(x_i^t, y_i^t)} \cdot \frac{D_i^{t+1}(x_i^{t+1}, y_i^{t+1})}{D_i^{t+1}(x_i^t, y_i^t)}\right]^{1/2}}_{\mathrm{TC}_i^{t+1}} \tag{5.2}$$

式（5.2）是式（5.1）的变形，用来表示技术变化与技术效率变化的分离。第一部分 EF，就是从 t 到 $t+1$ 时期生产效率的变化；而第二部分 TC，就是从 t 到 $t+1$ 时期技术的变化率：

$$M_{v,c}^{t,t+1} = \frac{D_v^{t+1}(x_i^{t+1}, y_i^{t+1})}{D_v^t(x_i^t, y_i^t)} \times \left[\frac{D_v^t(x_i^t, y_i^t)}{D_c^t(x_i^t, y_i^t)} \Big/ \frac{D_v^{t+1}(x_i^{t+1}, y_i^{t+1})}{D_c^{t+1}(x_i^t, y_i^t)}\right] \times \left[\frac{D_c^t(x_i^t, y_i^t)}{D_c^t(x_i^t, y_i^t)} \cdot \frac{D_c^{t+1}(x_i^{t+1}, y_i^{t+1})}{D_c^{t+1}(x_i^t, y_i^t)}\right] \tag{5.3}$$

式（5.3）放松了式（5.1）和式（5.2）的固定规模报酬的假设，描述了变动规模报酬的情形，进一步将技术效率变化分解为纯技术效率变化和规模效率变化。注脚 v 表示的是变动规模报酬的情况，注脚 c 为固定报酬下的情况，则第一项表示的是在变动规模下的纯技术效率变化，第二项是规模效率变化，第三项与式（5.2）同，表示技术变化率。

Malmquist 指数方法可以利用多种投入与产出变量进行效率分析，且不需要相关的价格信息，也不需要成本最小化和利润最大化等条件，更为重要的是，它将生产率的变化原因分为技术变化与技术效率变化，并进一步把技术效率变化细分为纯技术效率变化与规模效率变化。实证分析的主要目的之一就是要找到纯技术效率与规模效率对技术效率变化的贡献程度。如果城市出现非技术效率，找出它源自何处，其中有多少来自非纯技术效率，有多少来自非规模效率，从而正确地指导我们改进实践方向。

（2）省级行政区转型发展的时间演变

从整体的时间趋势图来看，利用数据包络法计算得到 2001—2018 年中国转型发展指数（图 5.3）。从图 5.3 可看出，中国转型发展整体上表现出下降趋势，其中，2000—2007 年中国转型发展下降幅度相对较小，从 2008 年开始，由于全球金融危机的影响，下降速度加快，直至 2016 年下降到达最低点，而在 2017—2018 年之间变化幅度较小。

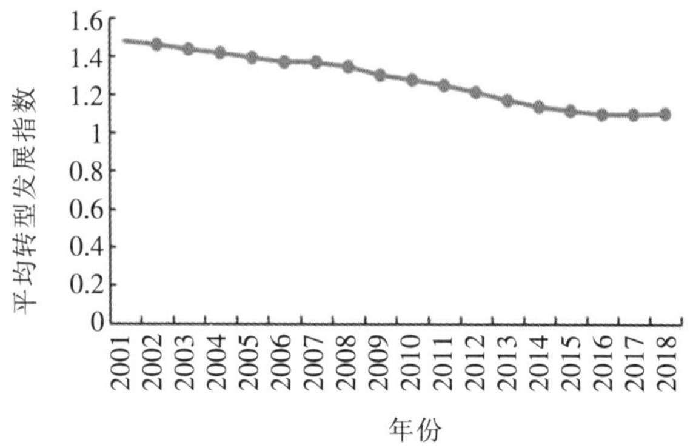

图 5.3　各地平均转型发展指数时间演变

从各地的转型发展时间趋势图（图 5.4）来看，上海、天津的转型发展上升趋势十分明显，其余省级行政区的转型发展有缓慢下降趋势。可见，目前我国大多数省级行政区转型发展有待进一步提升。

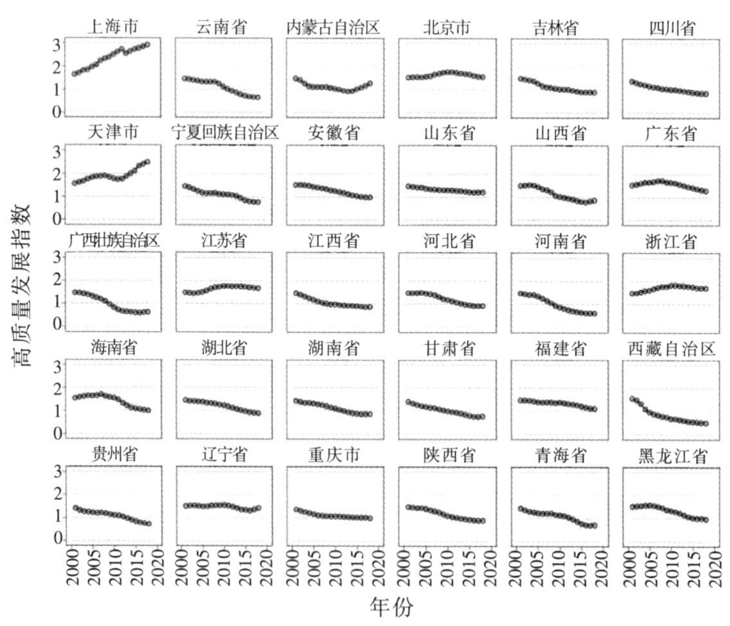

图 5.4　各地转型发展时间演变

（3）省级行政区转型发展的空间演变

表 5.4、表 5.5 和表 5.6 分别呈现了 2001 年、2010 年和 2018 年全国 30 个省级行政区转型发展的空间演变特征。从整体上看，具备高水平转型发展的省级行政区有略微下降的趋势，其中天津、上海 18 年来始终属于高水平转型发展省级行政区，其他省级行政区的绿色创新水平都有不同程度的下降。从表 5.4 可以看出，2001 年，北京、天津、上海、广东、海南、西藏属于高水平转型发展省级行政区，而甘肃、青海、四川、重庆、贵州、湖南则属于低水平转型发展省级行政区，其余多数省级行政区都属于较高水平转型发展省级行政区。

表 5.4　2001 年各地转型发展水平

2001 年	高 (1.5255～1.6455)	较高 (1.4505～1.509)	低 (1.371～1.434)
省级行政区	上海市、天津市、西藏自治区、北京市、海南省、广东省	辽宁省、安徽省、黑龙江省、山西省、吉林省、内蒙古自治区、江苏省、河北省、浙江省、福建省、山东省、河南省、陕西省、广西壮族自治区、云南省、江西省、宁夏回族自治区、湖北省	湖南省、青海省、贵州省、甘肃省、重庆市、四川省

从表 5.5 可以看出，2010 年，北京、天津、江苏、上海、浙江属于高水平转型发展省级行政区，黑龙江、辽宁、山东、安徽、湖北、福建和海南属于较高水平转型发展省级行政区，其余省级行政区则属于低水平转型发展省级行政区。相比于 2001 年，江苏、浙江从较高水平转型发展省级行政区上升为高水平转型发展省级行政区，而西藏、海南则从高水平转型发展省级行政区跌落到较高水平转型发展省级行政区。此外，部分省级行政区也从较高水平转型发展转变为低水平转型发展。

表 5.5　2010 年各地转型发展水平

2010 年	高 (1.760651002～2.516654211)	较高 (1.250897532～1.650972875)	低 (0.68809958～1.228792528)
省级行政区	上海市、浙江省、天津市、北京市、江苏省	广东省、辽宁省、海南省、福建省、黑龙江省、山东省、安徽省	湖北省、河北省、云南省、青海省、贵州省、宁夏回族自治区、湖南省、陕西省、重庆市、内蒙古自治区、山西省、吉林省、四川省、甘肃省、江西省、河南省、广西壮族自治区、西藏自治区

从表5.6可以看出，2018年，仅有天津、上海保持为高水平转型发展省级行政区，内蒙古、辽宁、北京、山东、江苏、浙江和广东则属于较高水平转型发展省级行政区，其余省级行政区属于低水平转型发展省级行政区。相比于2010年，北京、浙江、江苏和广东从高水平转型发展省级行政区下降为较高水平转型发展省级行政区，黑龙江、湖北、安徽、福建和海南则从较高水平转型发展省级行政区下降为低水平转型发展省级行政区，而内蒙古则从低水平转型发展省级行政区上升为较高水平转型发展省级行政区。综上所述，在2001－2018年期间，我国大多数省级行政区的转型发展水平都出现了不同程度的下降，我国转型发展面临困境，亟须改变这种局面。

表5.6　2018年各地转型发展水平

2018年	高（2.491750045～2.932524684）	较高（1.4505～1.509）	低（0.506163121～1.113328403）
省级行政区	上海市、天津市	浙江省、江苏省、北京市、辽宁省、广东省、内蒙古自治区、山东省	福建省、海南省、重庆市、安徽省、黑龙江省、河北省、湖北省、吉林省、陕西省、江西省、山西省、湖南省、四川省、甘肃省、宁夏回族自治区、贵州省、青海省、云南省、广西壮族自治区、河南省、西藏自治区

5.2　城市绿色创新与转型发展的时空演变

5.2.1　城市绿色创新的时空演变

（1）城市绿色创新的时间演变

图5.5显示了2005－2018年全国270个城市的平均绿色创新水平的变化情况。由图可知，全国270个城市的平均绿色创新水平整体表现出上升趋势。其中，在2005－2015年，城市绿色创新水平呈现缓慢增长态势，在2016年，绿色创新水平上升幅度较大，之后趋于平缓。

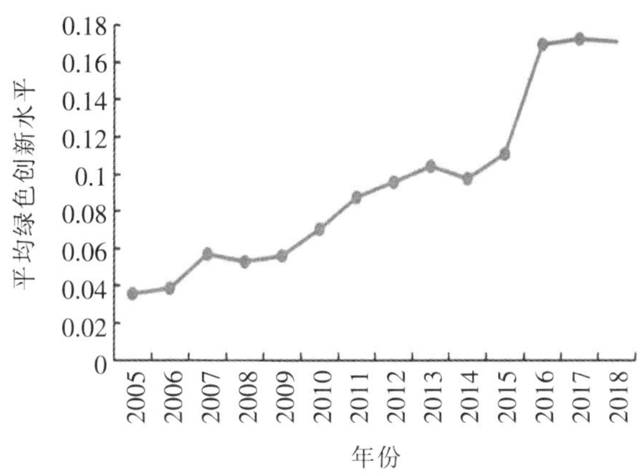

图 5.5　各城市平均绿色创新水平

（2）城市绿色创新的空间演变

表 5.7、表 5.8 和表 5.9 分别呈现了 2005 年、2010 年和 2018 年全国 270 个城市的绿色创新水平的空间演变特征。从整体上看，高水平绿色创新城市在逐年增多，其余城市的绿色创新水平都有不同程度的上升。从空间格局看，绿色创新呈现显著的区域空间集聚特征。目前，绿色创新水平较高的城市主要位于东部沿海省市和发达工业经济带区域，呈现典型的空间集聚特点，然而全国大部分城市绿色创新水平仍然较低。从表 5.7 来看，在 2005 年，具备较高水平绿色创新的城市主要集中于东南沿海和中部沿海部分城市。此外，黑龙江地区也有部分城市拥有较高的绿色创新水平，其余城市大多处于低绿色创新水平。

表 5.7　2005 年各城市绿色创新水平

2005 年	高（0.439846～1.000000）	较高（0.198329～0.439845）	低（0.00001～0.198328）
城市	莱芜市、三亚市、海口市、云浮市、潮州市、威海市、亳州市、鹤岗市、新余市、黑河市、铜川市、深圳市、惠州市	东莞市、汕头市、珠海市、盘锦市、宿迁市、佛山市、双鸭山市、厦门市、青岛市、济南市、玉林市、大庆市、泉州市、十堰市、新乡市、淄博市、湘潭市、韶关市、日照市、随州市、内江市、长沙市、扬州市、成都市、鄂州市	岳阳市、秦皇岛市、宜宾市、苏州市、江门市、黄石市、温州市、临沂市、贵阳市、长春市、宜昌市、泰安市、鹤壁市、聊城市、烟台市、济宁市、淮南市、梧州市、滨州市、郑州市、南昌市、洛阳市、广州市、无锡市、阜新市、咸阳市、常德市、荆门市、湛江市、鞍山市、德州市、鸡西市、马鞍山市、漳州市、柳州市、台州市、泸州市、西安市、辽源市、武汉市、绥化市、南阳市、漯河市、宁波市、乌鲁木齐市、大连市、濮阳市、三门峡市、合肥市、中山市、四平市、枣庄市、唐山市、银川市、桂林市、萍乡市、防城港市、焦作市、安阳市、徐州市、衡阳市、梅州市、菏泽市、德阳市、太原市、开封市、遵义市、呼和浩特市、福州市、北海市、石家庄市、哈尔滨市、东营市、莆田市、怀化市、葫芦岛市、淮北市、安顺市、杭州市、泰州市、南宁市、营口市、娄底市、保定市、蚌埠市、茂名市、沈阳市、昆明市、上饶市、宿州市、盐城市、齐齐哈尔市、鹰潭市、吉林市、绵阳市、自贡市、镇江市、邯郸市、宝鸡市、牡丹江市、资阳市、平顶山市、兰州市、阳泉市、邵阳市、贺州市、衡水市、商丘市、许昌市、赤峰市、七台河市、伊春市、阜阳市、芜湖市、攀枝花市、佳木斯市、益阳市、邢台市、南京市、黄山市、辽阳市、郴州市、安庆市、连云港市、湖州市、锦州市、景德镇市、朝阳市、肇庆市、南平市、金华市、乐山市、永州市、清远市、本溪市、驻马店市、玉溪市、钦州市、铜陵市、西宁市、雅安市、孝感市、承德市、吉安市、大同市、贵港市、包头市、宜春市、滁州市、通化市、北京市、通辽市、河源市、嘉兴市、沧州市、咸宁市、六盘水市、运城市、汉中市、绍兴市、广元市、朔州市、周口市、廊坊市、晋城市、长治市、铁岭市、曲靖市、天津市、丹东市、信阳市、临汾市、酒泉市、上海市、渭南市、宁德市、六安市、舟山市、丽水市、百色市、张家口市、衢州市、九江市、三明市、龙岩市、赣州市、延安市、昭通市、重庆市、安康市、保山市、河池市、白城市、常州市、榆林市

从表 5.8 来看，在 2010 年，具备较高水平绿色创新的城市主要集中于福建、浙江、广东、山东地区，其余城市都处于低水平绿色创新阶段。相比于 2005 年，我国拥有高水平和较高水平绿色创新的城市明显减少，绿色创新呈现阶段性下降趋势。

表 5.8　2010 年各城市绿色创新水平

2010 年	高 (0.439846～1.000000)	较高 (0.198329～0.439845)	低 (0.00001～0.198328)
城市	莱芜市、深圳市、三亚市、	苏州市、厦门市、汕头市、江门市、东莞市、	惠州市、威海市、佛山市、日照市、温州市、湖州市、珠海市、泰安市、绍兴市、德州市、临沂市、济南市、无锡市、濮阳市、成都市、聊城市、潮州市、滨州市、攀枝花市、青岛市、金华市、漯河市、常德市、湘潭市、菏泽市、鹤岗市、烟台市、枣庄市、鹤壁市、海口市、自贡市、嘉兴市、漳州市、南昌市、长沙市、黄石市、许昌市、湛江市、德阳市、武汉市、鹰潭市、佳木斯市、泰州市、随州市、玉林市、新乡市、镇江市、扬州市、贵阳市、徐州市、焦作市、滁州市、娄底市、郑州市、资阳市、福州市、秦皇岛市、安阳市、东营市、宜昌市、平顶山市、杭州市、芜湖市、衡水市、鞍山市、韶关市、茂名市、岳阳市、中山市、阜阳市、衡阳市、泸州市、桂林市、益阳市、莆田市、六安市、防城港市、孝感市、内江市、肇庆市、三门峡市、合肥市、大连市、清远市、十堰市、西安市、吉安市、盐城市、邵阳市、洛阳市、保定市、沧州市、宿迁市、石家庄市、丽水市、唐山市、荆门市、玉溪市、黄山市、南京市、柳州市、雅安市、宁德市、铜陵市、宜宾市、哈尔滨市、南宁市、钦州市、伊春市、广元市、淮南市、南阳市、周口市、遵义市、永州市、宝鸡市、马鞍山市、长春市、九江市、龙岩市、大庆市、梅州市、商丘市、北海市、安顺市、蚌埠市、西宁市、昆明市、绵阳市、亳州市、连云港市、贺州市、宜春市、咸阳市、晋城市、乌鲁木齐市、河源市、铜川市、开封市、太原市、邯郸市、萍乡市、鸡西市、齐齐哈尔市、赣州市、沈阳市、郴州市、鄂州市、乐山市、邢台市、舟山市、淮北市、景德镇市、阳泉市、上海市、衢州市、上饶市、阜新市、南平市、三明市、

续表

2010 年	高（0.439846～1.000000）	较高（0.198329～0.439845）	低（0.00001～0.198328）
城市	泉州市、云浮市	淄博市、台州市、广州市、济宁市、宁波市	兰州市、新余市、双鸭山市、吉林市、怀化市、长治市、重庆市、六盘水市、呼和浩特市、梧州市、驻马店市、盘锦市、运城市、天津市、七台河市、黑河市、北京市、信阳市、绥化市、辽源市、临汾市、汉中市、牡丹江市、本溪市、赤峰市、宿州市、锦州市、咸宁市、银川市、包头市、营口市、四平市、廊坊市、酒泉市、贵港市、丹东市、大同市、朝阳市、朔州市、安庆市、曲靖市、承德市、辽阳市、渭南市、安康市、张家口市、铁岭市、延安市、葫芦岛市、常州市、白城市、保山市、通辽市、百色市、通化市、河池市、榆林市、昭通市

从表 5.9 来看，在 2018 年，我国高水平绿色创新城市主要集中于中部和东南沿海地区。此外，黑龙江部分城市也有较高的绿色创新水平。相比于 2010 年，我国拥有高水平绿色创新的城市数量明显增多，绿色创新提升明显。综上所述，在 2005—2018 年期间，我国拥有较高绿色创新水平的城市数量呈现先下降后上升的趋势。

表 5.9　2018 年各城市绿色创新水平

2018 年	高（0.439846～1.000000）	较高（0.198329～0.439845）	低（0.00001～0.198328）
城市	中山市、深圳市、汕头市、泉州市、漯河市、北京市、枣庄市、鹤岗市、鸡西市、温州市、	潮州市、濮阳市、台州市、衡水市、舟山市、青岛市、六安市、金华市、苏州市、周口市、佛山市、	广州市、咸阳市、聊城市、济宁市、开封市、珠海市、江门市、商丘市、玉溪市、嘉兴市、茂名市、上海市、新乡市、盐城市、阜新市、保山市、贵港市、上饶市、宁德市、漳州市、自贡市、无锡市、娄底市、焦作市、合肥市、淄博市、泰安市、朝阳市、安康市、重庆市、杭州市、贵阳市、德阳市、徐州市、邢台市、龙岩市、丽水市、大连市、菏泽市、安庆市、济南市、哈尔滨市、南京市、蚌埠市、临沂市、桂林市、南阳市、鹤壁市、秦皇岛市、衡阳市、常州市、黄山市、绥化市、永州市、连云港市、盘锦市、南昌市、泸州市、芜湖市、孝感市、宜宾市、滁州市、赣州市、宜春市、

续表

2018 年	高（0.439846～1.000000）	较高（0.198329～0.439845）	低（0.00001～0.198328）
城市	海口市、东莞市、益阳市、三亚市、河源市、随州市、莆田市、厦门市、绍兴市	惠州市、宿迁市、成都市、雅安市、长沙市、扬州市、邵阳市、广元市、宁波市、佳木斯市、西安市、泰州市、镇江市、湖州市、十堰市、莱芜市、咸宁市、许昌市、驻马店市	天津市、湛江市、昭通市、南平市、宝鸡市、淮北市、梅州市、衢州市、三明市、安阳市、清远市、白城市、阜阳市、梧州市、唐山市、鞍山市、滨州市、鹰潭市、淮南市、保定市、大庆市、肇庆市、营口市、牡丹江市、郑州市、攀枝花市、武汉市、日照市、信阳市、萍乡市、威海市、德州市、长春市、亳州市、福州市、怀化市、辽阳市、吉安市、内江市、阳泉市、贺州市、廊坊市、汉中市、防城港市、韶关市、烟台市、沧州市、东营市、伊春市、丹东市、邯郸市、平顶山市、荆门市、沈阳市、七台河市、柳州市、本溪市、运城市、马鞍山市、绵阳市、临汾市、湘潭市、辽源市、石家庄市、常德市、洛阳市、黄石市、乐山市、九江市、太原市、西宁市、新余市、铁岭市、张家口市、兰州市、晋城市、宜昌市、资阳市、锦州市、大同市、郴州市、云浮市、鄂州市、河池市、包头市、三门峡市、赤峰市、乌鲁木齐市、玉林市、长治市、呼和浩特市、承德市、宿州市、银川市、岳阳市、铜川市、延安市、四平市、吉林市、遵义市、南宁市、铜陵市、安顺市、曲靖市、渭南市、黑河市、北海市、齐齐哈尔市、榆林市、钦州市、朔州市、通化市、六盘水市、景德镇市、双鸭山市、昆明市、葫芦岛市、通辽市、百色市、酒泉市

5.2.2　城市转型发展的时空演变

（1）转型发展的时间演变

图 5.6 显示了 2005—2018 年全国 270 个城市的平均转型发展指数的变化情况。由图可知，全国 270 个城市平均绿色创新水平整体表现出震荡下降趋势。其中，在 2005—2012 年，转型发展呈现横向震荡态势，在 2013 年之后，转型发展开始震荡下行。

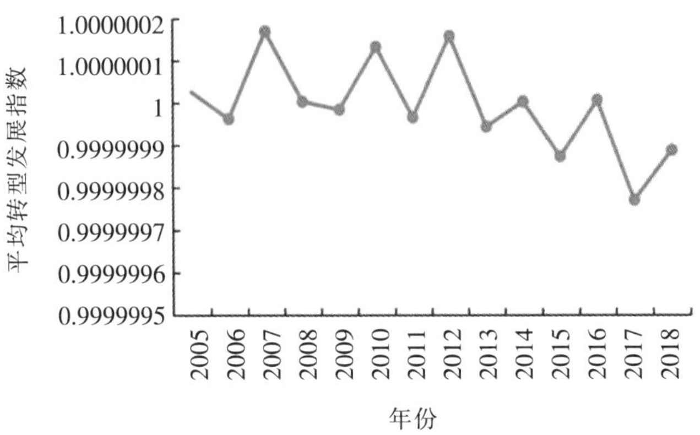

图 5.6 各城市平均转型发展指数

(2) 转型发展的空间演变

表 5.10、表 5.11 和表 5.12 分别呈现了 2005 年、2010 年和 2018 年全国 270 个城市的转型发展水平的空间演变特征。总的来看，在 2005—2018 年，总体经济转型发展水平呈现逐年增长趋势，且增长趋势愈加明显，2018 年全国 28%左右的城市达到较高水平或者高水平经济转型发展阶段，但仍有大部分城市处于低水平经济转型发展阶段。这说明，尽管随着经济增速放缓和城市发展转型，部分城市经济转型发展水平得到提升，从经济增长阶段转向转型发展阶段，但就全国而言，处于低质量发展水平的城市数量依然庞大。从区域分布格局来看，城市经济转型发展存在明显的“东高西低”分布特征，主要表现在研究期间内，北京、上海、深圳、广州、海口等东部城市经济转型发展水平始终处于高水平阶段，而大部分西部城市如南宁、西宁、银川等一直处于低水平阶段。可见，经济转型发展之路任重道远。从表 5.10 来看，在 2005 年，转型发展呈现“中部凹陷”局面，拥有较高水平转型发展的城市主要集中于东部沿海城市。

表 5.10　2005 年各城市转型发展水平

2005 年	高 (1.966543～5.325010)	较高 (0.277415～1.966542)	低 (－4.999999～0.277414)
城市	上海市、北京市、广州市、深圳市、天津市	苏州市、无锡市、杭州市南京市、重庆市、武汉市、沈阳市、东莞市、宁波市、成都市、青岛市、大连市、佛山市、济南市、长沙市、哈尔滨市、郑州市、西安市、呼和浩特市、温州市、长春市、福州市、厦门市、乌鲁木齐市、烟台市、太原市、包头市、石家庄市、常州市、海口市、唐山市、昆明市、珠海市、台州市泉州市、合肥市、金华市、绍兴市、南宁市、威海市中山市、嘉兴市、兰州市、鞍山市、淄博市、南昌市	舟山市、秦皇岛市、镇江市、临沂市、徐州市、汕头市、东营市、江门市、贵阳市、济宁市、银川市、扬州市、邯郸市、湖州市、洛阳市、牡丹江市、吉林市、茂名市、沧州市、齐齐哈尔市、大庆市、西宁市、佳木斯市、保定市、盐城市、黄山市、惠州市、肇庆市、丹东市、丽水市、芜湖市、泰州市、衢州市、三亚市、怀化市、黑河市、泰安市、锦州市、宜昌市、韶关市、湘潭市、营口市、宁德市、永州市、张家口市、大同市、益阳市、德州市、柳州市、阜新市、漳州市、绥化市、岳阳市、马鞍山市、通辽市、桂林市、本溪市、常德市、赣州市、赤峰市、衡阳市、十堰市、邵阳市、郴州市、绵阳市、黄石市、阳泉市、日照市、蚌埠市、南平市、安庆市、安康市、清远市、三明市、铜陵市、河源市、连云港市、六安市、廊坊市、葫芦岛市、荆门市、上饶市、长治市、阜阳市、龙岩市、酒泉市、防城港市、梅州市、通化市、保山市、白城市、南阳市、吉安市、辽源市、鸡西市、玉溪市、潮州市、遵义市、广元市、北海市、滨州市、自贡市、玉林市、辽阳市、枣庄市、安顺市、景德镇市、新乡市、咸阳市、运城市、泸州市、亳州市、九江市、孝感市、焦作市、衡水市、信阳市、临汾市、七台河市、四平市、淮南市、朝阳市、汉中市、承德市、娄底市、滁州市、湛江市、鹰潭市、铜川市、鄂州市、贵港市、昭通市、德阳市、新余市、河池市、铁岭市、莆田市、宝鸡市、聊城市、伊春市、宜春市、晋城市、三门峡市、宜宾市、曲靖市、渭南市、鹤岗市、咸宁市、开封市、宿州市、六盘水市、平顶山市、攀枝花市、萍乡市、邢台市、宿迁市、雅安市、内江市、梧州市、安阳市、榆林市、朔州市、莱芜市、商丘市、乐山市、驻马店市、淮北市、盘锦市、周口市、随州市、许昌市、云浮市、百色市、资阳市、钦州市、双鸭山市、菏泽市、延安市、贺州市、濮阳市、鹤壁市、漯河市

表 5.11　2010 年各城市转型发展水平

2010 年	高（1.966543～5.325010）	较高（0.277415～1.966542）	低（－4.999999～0.277414）
城市	苏州市、天津市、深圳市、广州市、上海市、北京市	济宁市、泰州市、南昌市、吉林市、三亚市、嘉兴市、珠海市、临沂市、威海市、扬州市、大庆市、南宁市、鞍山市、东营市、镇江市、台州市、合肥市、乌鲁木齐市、金华市、中山市、徐州市、昆明市、海口市、厦门市、泉州市、太原市、淄博市、绍兴市、长春市、石家庄市、唐山市、温州市、常州市、烟台市、包头市、福州市、呼和浩特市、郑州市、西安市、哈尔滨市、宁波市、东莞市、长沙市、济南市、大连市、佛山市、沈阳市、青岛市、重庆市、成都市、杭州市、无锡市、南京市、武汉市	伊春市、昭通市、鹤壁市、鹤岗市、双鸭山市、百色市、铜川市、雅安市、漯河市、黑河市、内江市、濮阳市、保山市、广元市、宜春市、淮北市、七台河市、资阳市、贺州市、吉安市、延安市、梧州市、泸州市、宜宾市、河池市、安康市、朝阳市、六盘水市、阜新市、滁州市、渭南市、攀枝花市、鹰潭市、淮南市、阜阳市、六安市、乐山市、铁岭市、曲靖市、宿州市、亳州市、云浮市、萍乡市、景德镇市、娄底市、上饶市、安顺市、周口市、河源市、白城市、汉中市、钦州市、德阳市、衡水市、鸡西市、商丘市、宝鸡市、玉溪市、自贡市、驻马店市、三门峡市、绥化市、邵阳市、咸宁市、咸阳市、随州市、鄂州市、葫芦岛市、蚌埠市、平顶山市、临汾市、四平市、贵港市、许昌市、安庆市、荆门市、北海市、北海市、十堰市、承德市、长治市、孝感市、焦作市、赣州市、益阳市、玉林市、晋城市、新乡市、黄石市、信阳市、邢台市、通辽市、赤峰市、辽源市、绵阳市、九江市、永州市、黄山市、防城港市、梅州市、安阳市、运城市、怀化市、铜陵市、开封市、马鞍山市、酒泉市、郴州市、辽阳市、齐齐哈尔市、丹东市、南平市、盘锦市、莱芜市、湘潭市、桂林市、通化市、佳木斯市、菏泽市、芜湖市、莆田市、阳泉市、新余市、宁德市、张家口市、潮州市、遵义市、柳州市、锦州市、南阳市、龙岩市、衡阳市、大同市、宿迁市、衢州市、本溪市、朔州市、西宁市、丽水市、岳阳市、清远市、三明市、廊坊市、韶关市、连云港市、榆林市、聊城市、枣庄市、牡丹江市、肇庆市、常德市、营口市、宜昌市、日照市、保定市、银川市、漳州市、湛江市、德州市、滨州市、邯郸市、惠州市、秦皇岛市、洛阳市、江门市、汕头市、湖州市、沧州市、茂名市、舟山市、贵阳市、泰安市、盐城市、兰州市

从表 5.11 来看，在 2010 年，我国转型发展城市呈现出连片、集聚态势，在山东半岛以及长三角地区具有明显的集聚效应。相比于 2005 年，拥有较高水平转型发展的城市明显增多。

从表 5.12 来看，在 2018 年，我国拥有较高水平转型发展的城市在长三角地区进一步集聚，与 2010 年相比，拥有较高水平转型发展的城市数量变化不大。综上所述，在 2005—2018 年期间，我国城市的转型发展呈现明显的“连片—集聚”态势，具有典型的区域性特征。

表 5.12　2018 年各城市转型发展水平

2018 年	高 (1.966543～5.325010)	较高 (0.277415～1.966542)	低 (－4.999999～0 .277414)
城市	深圳市、玉溪市、广州市、	东营市、呼和浩特市、金华市、南宁市、本溪市、泰安市、洛阳市、廊坊市、贵阳市、温州市、泰州市、绍兴市、太原市、三亚市、泉州市、扬州市、新余市、湖州市、南昌市、镇江市、石家庄市、哈尔滨市、徐州市、昆明市、乌鲁木齐市、淄博市、海口市、沈阳市、合肥市、包头市、佛山市、烟台市、威海市、	绥化市、清远市、曲靖市、葫芦岛市、百色市、伊春市、朝阳市、四平市、内江市、贵港市、河池市、铁岭市、昭通市、牡丹江市、资阳市、白城市、保山市、青岛市、亳州市、齐齐哈尔市、广元市、防城港市、阜阳市、鄂州市、鹤壁市、上饶市、鸡西市、安康市、钦州市、咸阳市、汉中市、鹤岗市、黑河市、漯河市、攀枝花市、辽源市、梧州市、渭南市、十堰市、周口市、铜川市、雅安市、茂名市、孝感市、六盘水市、乐山市、宝鸡市、随州市、延安市、黄石市、泸州市、北海市、宜宾市、宁德市、玉林市、贺州市、咸宁市、运城市、开封市、通化市、滁州市、濮阳市、潮州市、南平市、六安市、丹东市、三门峡市、中山市、安顺市、张家口市、营口市、衡水市、南阳市、双鸭山市、锦州市、荆门市、许昌市、菏泽市、益阳市、酒泉市、永州市、鹰潭市、娄底市、自贡市、桂林市、临汾市、焦作市、沧州市、阜新市、淮北市、辽阳市、宿州市、遵义市、榆林市、平顶山市、德阳市、新乡市、邵阳市、安庆市、河源市、信阳市、绵阳市、安阳市、怀化市、驻马店市、梅州市、淮南市、承德市、七台河市、佳木斯市、蚌埠市、邢台市、连云港市、衡阳市、萍乡市、宜春市、湛江市、枣庄市、赤峰市、吉安市、商丘市、

续表

2018 年	高（1.966543～5.325010）	较高（0.277415～1.966542）	低（－4.999999～0.277414）
城市	天津市、上海市、北京市	厦门市、长春市、东莞市、台州市、宁波市、常州市、郑州市、珠海市、济南市、景德镇市、福州市、西安市、大连市、无锡市、武汉市、苏州市、宿迁市、重庆市、成都市、杭州市、南京市	云浮市、聊城市、三明市、盘锦市、通辽市、保定市、吉林市、鞍山市、莱芜市、宜昌市、莆田市、龙岩市、西宁市、秦皇岛市、银川市、铜陵市、衢州市、肇庆市、阳泉市、晋城市、柳州市、赣州市、岳阳市、德州市、马鞍山市、九江市、大同市、邯郸市、江门市、芜湖市、漳州市、丽水市、大庆市、临沂市、兰州市、滨州市、盐城市、黄山市、惠州市、韶关市、唐山市、日照市、长沙市、朔州市、郴州市、嘉兴市、汕头市、湘潭市、济宁市、舟山市、长治市、常德市

5.3 绿色创新与转型发展的相关性分析

绿色创新作为促进经济转型发展的重要手段，无论是“绿色”还是“创新”都是转型发展的理念，毋庸置疑，其对转型发展也会产生一定影响。当然，在不同发展时期，环境规制对转型发展的影响也不尽相同，通过散点图和二次拟合曲线可以初步判别两者之间的相关关系。（图 5.7）

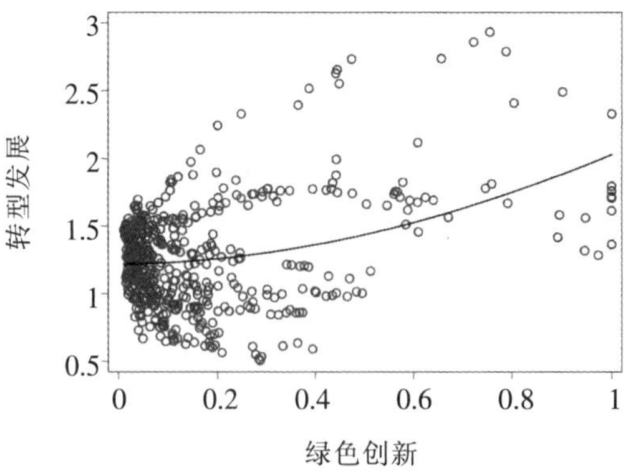

图 5.7 绿色创新与转型发展的相关关系

图 5.7 给出了绿色创新与转型发展的相关关系。从绿色创新与转型发展的散

点图来看，转型发展的点主要集中于绿色创新较低的区间，当绿色创新水平较高时，转型发展提升显著，绿色创新对转型发展具有显著的促进作用。

5.4　本章小结

（1）从省级行政区层面入手，分别运用基于 VRS 的 Super-SBM 模型和基于 DEA 模型的 Malmquist 指数方法测算了全国 30 个省级行政区的绿色创新水平和转型发展水平。从省级行政区绿色创新的时间演变结果来看，全国 30 个省级行政区平均绿色创新水平整体表现出上升趋势。其中，2001—2008 年，绿色创新水平呈现缓慢增长态势，2009—2018 年，绿色创新水平开始加速上升。从省级行政区绿色创新的空间演变结果来看，2001—2018 年，我国具备高水平绿色创新的省级行政区逐年增多，增长态势良好。从省级行政区转型发展的时间演变结果来看，中国转型发展整体上表现出下降趋势。其中，2000—2007 年中国转型发展下降幅度相对较小，从 2008 开始，由于全球金融危机的影响，下降速度加快，直至 2016 年到达底部，并从 2017—2018 年开始逐渐稳定。从省级行政区转型发展的空间演变结果来看，在 2001—2018 年期间，我国大多数省级行政区的转型发展水平都出现了不同程度的下降。

（2）从城市层面入手，分别运用基于 VRS 的 Super-SBM 模型和因子分析法测算了全国 270 个城市的绿色创新水平和转型发展水平。从城市绿色创新的时间演变结果来看，全国 270 个城市的平均绿色创新水平整体表现出上升趋势。其中，2005—2015 年，城市绿色创新水平呈现缓慢增长态势，在 2016 年，绿色创新水平上升幅度较大，之后趋于平缓。从城市绿色创新的空间演变结果来看，在 2005—2018 年期间，我国拥有较高绿色创新水平的城市数量呈现先下降后上升的趋势。从城市转型发展的时空演变结果来看，全国 270 个城市平均绿色创新水平整体表现出震荡下降趋势。其中，2005—2012 年，转型发展呈现横向震荡态势，2013—2018 年，转型发展开始震荡下行。从转型发展的空间演变结果来看，在 2005—2018 年期间，我国城市的转型发展呈现明显的“连片一集聚”态势，具有典型的区域性特征。

（3）从绿色创新与转型发展的散点图来看，转型发展的点主要集中于绿色创新较低的区间。当绿色创新水平较高时，转型发展提升显著，绿色创新对转型发展具有显著的促进作用。

第6章　基于新兴古典经济学的绿色创新与转型发展的理论研究

新兴古典经济学理论是研究稀缺资源在多种经济用途之间进行合理配置的学问，即研究静态条件下的资源配置问题。本章基于新兴古典经济学理论对绿色创新与转型发展的影响机理进行分析，主要包括三个部分的内容。第一部分主要分析了绿色创新与转型发展的演进机理。第二部分主要建立了绿色创新与转型发展的理论框架，其中主要包括政府、公众、分工演进、绿色创新、经济体内部矛盾和转型发展六个方面的内容。第三部分构建了绿色创新与转型发展的理论模型，通过交易效率与绿色创新的理论模型分析交易效率对绿色创新的影响程度。

6.1　绿色创新与转型发展的演进

6.1.1　绿色创新型分工的演进

根据亚当·斯密的思想，分工演化是经济发展的基本动力，而分工演化受制于交易效率。新兴古典经济学代表人物杨小凯、罗森、贝克尔等继承和发扬了亚当·斯密的分工思想，通过吸收科斯的交易成本思想，逐渐构建起一个有别于新古典分析框架的、以专业化与分工组织为核心的新兴古典经济学分析框架。分工作为劳动专业化、专业多样化、生产迂回化和经济组织化的辩证统一，不仅被斯密、马克思、杨格等古典经济学家所推崇，也被杨小凯等新兴古典经济学者以严密的数理模型加以证明。杨小凯等学者在研究中进一步指出，新技术、新发明是一个与分工网络规模及其相关市场范围密不可分的经济组织问题，即分工演进会促进技术创新。而绿色创新是绿色发展约束下的新技术、新发明形式，兼具资源配置创新和组织创新等多维内涵，自然也离不开绿色市场范围和分工演进的驱动和影响。运用分工理论从技术创新和制度创新两个侧面对绿色创新型分工的内涵展开研究，从而有效揭示绿色创新型分工的演进机理（见图 6.1），以新兴古典经济学视角分析绿色创新型分工是本书一个重要的方法论选择。

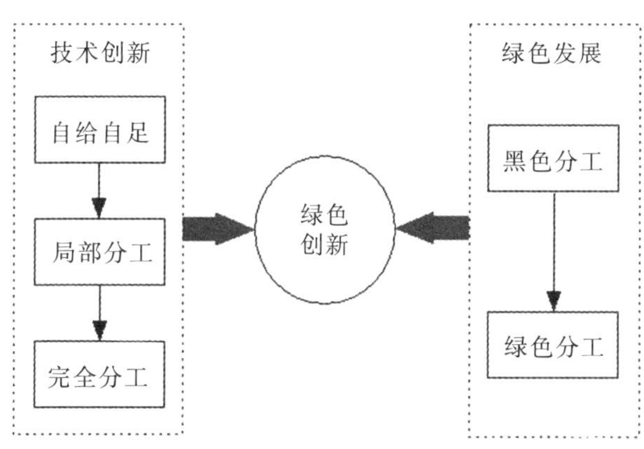

图 6.1　绿色创新型分工的演进机理

在传统型分工向绿色创新型分工演进的过程中，传统型分工分别从技术创新以及绿色发展两个层面推动经济主体逐步实现绿色创新型分工。在技术创新侧，社会分工的发展通常会经历“自给自足→局部分工→完全分工”三个结构的正向演进过程。具体而言，自给自足结构中不同经济主体会独立生产和消费所需的所有产品，且不同经济主体间不存在交易行为；局部分工结构中不同经济主体并不会生产全部产品，而是选择其中几种进行生产，且经济主体间开始出现交易；而完全分工结构中不同经济主体仅生产一种产品，通过经济主体间的交易卖出多余产品并购进其他所需产品。不难看出，从自给自足结构下的非分工、非交易生产模式到完全分工结构下的完全分工、市场交易模式演进的过程中，市场交易范围和交易效率得到不断改善，分工水平不断提升，而分工发展正是技术进步和创新的源泉。杨小凯在其著作中提到，技术进步乃是专业化经济和交易费用之间两难冲突的产物，专业化分工促进技术积累、知识积累和人力资本提升，而互补经济会带来交易费用增多，当专业化经济的好处超过互补经济的好处时，随着交易效率改善推动市场范围扩大，分工发展将推动技术进步。同时，分工发展也会使得各经济主体有更多资本和劳动力从事新机器、新产品的创新性研发，提高了生产效率和产品服务质量。技术创新不仅仅是针对传统技术的改进，更可能是一种革新，通过技术创新淘汰落后的、高污染的传统技术，取而代之的是绿色创新技术，使企业既获得了绿色创新技术带来的好处，又解放和发展了社会生产力，而解决社会生产力问题也是社会主义的根本任务。

在绿色发展侧，随着经济发展实现从重“量”到重“质”的转变，社会分工同时也推动组织结构从“黑色分工”向“绿色分工”发展。在经济发展初期，经济主体在进行生产经营活动的过程中面临较长周期的高额成本与风险时，往往会选择成本低、风险小、收效也更快的传统技术。在这种情况之下，追求利润最大化的经济主体自然会选择使用传统技术进行生产，而社会分工也最终不可避免地走向黑色分工结构，此时社会主体也更看重经济效益而非环境效益。与此同时，由于技术创新的研发存在知识技术溢出的正外部性，在无约束的条件下各经济主体并不会主动转向绿色发展领域，在市场的自动配置下组织结构将锁定在黑色分工结构，绿色创新型分工也就不会出现，这称为绿色创新领域的“失灵”。为了使社会分工跳出黑色分工结构，社会主体依靠政府这只“看得见的手”制定绿色创新制度、调节分工演进方向就显得至关重要。一方面，通过税收优惠、财政补贴等政策减轻绿色经济主体的成本劣势，激励其进行绿色创新技术的研发与应用。另一方面，黑色约束和绿色激励双管齐下，政府制定多元化的考核目标，将生态目标纳入考核体系，进而引导绿色发展，推动组织结构向绿色创新型分工演进；通过提高排污标准、加大减排力度、控制排放配额等举措使黑色经济主体的环境成本内部化，倒逼其绿色转型。

总之，随着分工的不断深化，专业化、多样化水平逐渐提高，分工结构演进引起的技术创新与制度创新将形成合力，协同推进绿色创新型分工的实现。

6.1.2 转型发展的演进

“量”和“质”是反映经济增长的两个面，前者侧重于经济的体量增长，是对经济增长速度和规模的揭示，而后者强调经济的质量提升，是对经济增长品质的反映。唯物辩证法中的质量互变规律认为，事物发展过程是由内部矛盾所决定的由量变到质变，再到新的量变的发展过程。经济发展同样遵循着由量变到质变的规律。改革开放以来，我国经济总量跃居世界第二，创造了中国奇迹，而伴随着经济体量的快速膨胀，经济体内部矛盾相继涌现。主要表现在：首先，社会矛盾由过去的人民日益增长的物质文化需要同落后的社会生产之间的矛盾转变为当前的人民日益增长的美好生活需要和不平衡不充分的发展之间的矛盾；其次，我国经济发展阶段由不可持续的高速增长阶段转向创新驱动、健康可持续的高质量发展阶段；最后，新时期我国迫切需要改变长期处在低品质、低附加值产品的全球价值链底端的不利地位。正是这些经济社会问题和矛盾，决定着我国经济发展必须由量变转向质变，转型走经济高质量发展之路。显然，转型发展不是一蹴而就的，而是一个长期奋斗的目标。绿色创新也不是转型发展的唯一途径，但却是实现转型发展的必由之路，对于解决经济体内部矛盾至关重要（见图 6.2）。

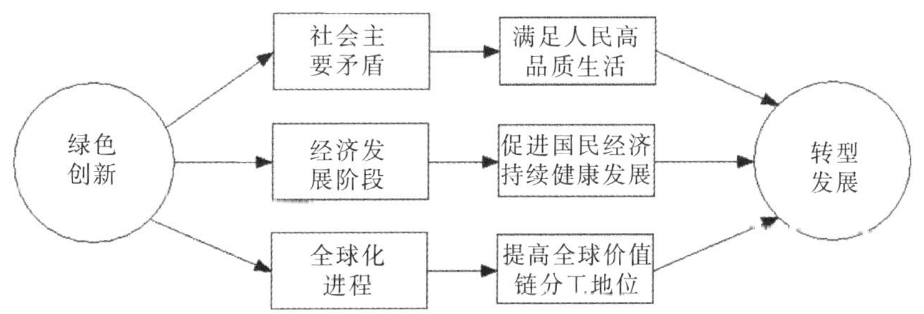

图 6.2　绿色创新到转型发展的演进机理

第一，通过绿色创新可以有效缓解当前社会的主要矛盾，逐步满足人民日益增长的美好生活需要。当前社会矛盾的转变说明我国社会生产力水平已经有了长足发展，但是仍然存在发展不平衡不充分的问题，这制约着人的全面发展以及共同富裕目标的实现。而绿色创新丰富了生产力样态，企业在以人为本的思想下，通过加大创新投入供给更加绿色环保的产品和服务，以满足人民的高品质生活。第二，通过绿色创新有利于适应转换中的经济发展阶段，促进中国经济提质增效。经济发展阶段的转换归根结底在于转变发展方式、优化经济结构和转换增长动力，这与绿色创新发展目标不谋而合。不同于过去不可持续、边际效应递减的传统增长模式，绿色创新保证了资源的循环再生，淘汰落后的、高投入高污染的黑色发展方式，变要素依赖为技术依赖，从根本上改变经济发展的动力结构，破除旧动能培育新动能，并逐渐扩大社会分工之广度和深度，实现国民经济的持续健康发展。第三，通过绿色创新可以增强我国国际竞争力，改善不利的国际产业分工地位。全球化进程的深化，给开放中的中国带来了资本、技术等利好的同时，也带来了各种低端的、重污染的产业转入，加上国际社会对中国的技术封锁、关税壁垒等举措，使得我国向国际社会提供的产品具有低品质、低成本和低附加值等特征，而这大大限制了中国国际竞争力的提升。唯有加大绿色创新和自主研发力度，不断提高产品和服务的品质，才能真正缓解我国处在全球价值链底端的尴尬境地，使我国逐步向全球价值链分工的中高端迈进。

绿色创新在缓解社会主要矛盾、适应经济发展阶段、引领全球化进程等方面发挥着重要作用，使我国经济发展有速度更有质量，推动实现我国经济转型发展，实现由量到质的转变。

6.2 绿色创新与转型发展的理论框架

在政府规制和公众偏好双重压力下，分工正朝着有利于绿色创新型分工的方向演进，而绿色创新通过有效解决经济体内部矛盾，推动经济实现高质量转型发展。基于此，本书构建了基于分工逻辑的绿色创新与转型发展理论框架（见图6.3），其中主要包括政府、公众、分工演进、绿色创新、经济体内部矛盾和转型发展六个部分的内容。

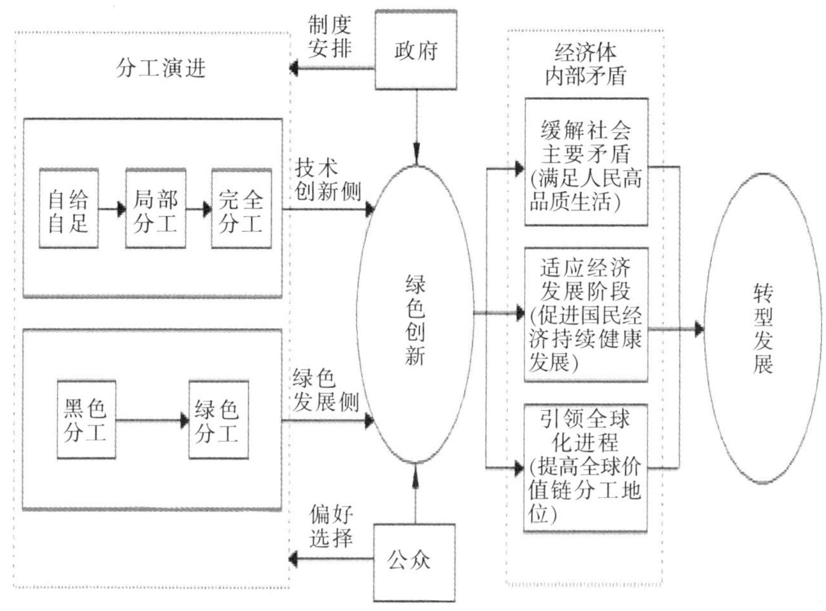

图 6.3　绿色创新与转型发展理论框架

在分工演进过程中，一方面，分工深化会提高专业化水平，进而推动新技术、新机器、新产品的出现，从技术创新侧推动分工结构从传统型分工向绿色创新型分工转变；另一方面，分工深化通过黑色分工到绿色分工的跳跃从绿色发展侧推动传统型分工向绿色创新型分工转变。然而，无论是在技术创新侧还是绿色发展侧都存在分工结构锁定的风险，使分工演进在低端结构下达到均衡。而一旦达到低端分工结构均衡状态就意味着在没有外力作用的情况下，分工结构将维持稳定而不会主动向绿色创新型分工结构跳跃，也就不能实现帕累托最优。解决低端锁定的一个关键途径就在于政府的制度安排，政府可以通过制定相关制度引导企业淘汰落后的、不适宜的传统技术、设备及生产方式，转向进行绿色创新技术和设备的研发；另一个途径则在于公众的偏好选择，公众日益增长的绿色产品偏好将倒逼企业加大绿色创新活动的投资力度，同时公众偏好的变化也会影响市场的供需情况，激励企业主动谋求绿色转型。可以看出，政府和公众通过不同方式保证了绿色创新型分工演进机制得以顺利进行，间接促进高质量转型发展。此外，政府在教育、就业、环保等领域的投入，会通过提高公众综合素质和社会公平正义，为企业提供更高素质的劳动力，同时，就业者也拥有更高的积极性，这直接影响着经济高质量转型发展进程。

新时代意味着新挑战和新机遇并存，如何化挑战为机遇是我国未来发展亟待解决的难题。当前我国正面临着社会主要矛盾、经济发展阶段和全球化进程等多方面的挑战，经济发展不平衡、不充分、不可持续，产品呈现低品质、低附加值等特征，这些问题正是我国提出"转型发展"的重要原因。经济转型发展是我们的最终目标，具体如何实现就需要从解决这些问题下手，而绿色创新理念是对"发展规律"的新认识，是激发和推动转型发展的新动力。经济增长理论认为，经济增长的源泉决定着经济是否可以持续增长。因为要素是稀缺的，过去以生产要素和投资驱动的经济增长模式受边际报酬递减规律的影响而使得经济增长的可持续性脆弱，且这种影响存在"自增强效应"，意味着经济增长会越来越依赖要素投入从而达到增长的瓶颈，经济发展质量也会受到制约。因此，转变要素、转换投资驱动模式以及改变经济增长的动力结构是经济持续健康发展的唯一解。这就需要在扩大社会分工的同时，提升社会各主体的绿色创新生产能力，结合供给侧结构性改革，变要素依赖为技术依赖，变过剩产能为有效供给，变"中国制造"为"中国质造"，逐步提高产品和服务的品质以满足人民日益增长的生活需求，推进我国产业迈向全球价值链中高端，促进国民经济持续健康发展，全方位推动经济转型发展。

从图 6.3 的理论框架也可以看出，由于绿色创新受分工演进的影响，因此在不同的分工水平下绿色创新对转型发展的影响可能不尽相同。同时，由于还存在各种其他外界因素对经济发展质量的干扰，绿色创新对转型发展的推动作用也难以是单一线性的，具体影响如何还需要结合中国经济实际进行检验。

6.3 绿色创新与转型发展的理论模型

6.3.1 交易效率与绿色创新的理论模型

(1) 基本模型

根据新兴古典经济学的超边际分析思想，假设某社会由 M 个消费者—生产者构成，并且存在专业化经济。有一种最终产品为高质量产品 Z，其可用劳动 l

加上中间产品 X 或 Y 进行生产（其中传统产品 X 是由传统生产方式生产的产品，绿色创新产品是由绿色创新生产方式生产的产品），即传统产品的生产率 λ_1 低于绿色创新产品的生产率 λ_2（$\lambda_1 < \lambda_2$）。高质量产品 Z 根据 CES 生产函数来生产，个人的决策问题可通过下面的方程组进行表征：

$$\max U = z + kz^d \tag{6.1}$$

$$z^p = z + z^s = [(x + \lambda_1 k_1 x^d)^\rho + (y + \lambda_2 k_2 y^d)^\rho]^{\frac{\beta}{\rho}} l_z^\alpha \tag{6.2}$$

$$x^p = x + x^s = l_x^b \tag{6.3}$$

$$y^p = y + y^s = (\mu l_y)^b \tag{6.4}$$

$$l_x + l_y + l_z = 1 \tag{6.5}$$

$$p_x x^s + p_y y^s + p_z z^s = p_x x^d + p_y y^d + p_z z^d \tag{6.6}$$

其中，式（6.1）和式（6.2）是最终高质量产品的效用函数和生产函数，式（6.3）和式（6.4）是两种生产方式的生产函数，式（6.5）是禀赋约束，式（6.6）是预算约束。为简化而又不失一般性，我们假定：第一，z^p、x^p 和 z 分别表示高质量产品 Z、传统产品 X 和绿色创新产品 Y 的产出量，z、z^s 和 z^d 分别表示高质量产品的自给量、供给量和需求量，x、x^s 和 x^d 分别表示传统产品的自给量、供给量和需求量，y、y^s 和 y^d 分别表示绿色创新产品的自给量、供给量和需求量。第二，假设 $1-k_i$ 表示交易费用系数，则 k_i 表示交易效率系数并且 $k_i \in [0,1]$，交易效率越高则说明分工演进水平越高，其中 k_1、k_2 分别表示产品 X 和 Y 的交易效率。第三，ρ 为两种中间产品 X 和 Y 的替代弹性系数，则 $1/\rho$ 表示两种中间产品的互补经济程度。第四，β 为两种中间产品复合生产高质量产品的产出弹性且 $\beta \in (0,1)$，$\alpha+\beta$ 表示生产高质量产品时的专业化劳动程度。第五，b 表示生产两种中间产品的专业化劳动程度，$b>1$。第六，$l_x, l_y, l_z \in [0,1]$ 分别表示传统产品、绿色创新产品和高质量产品的专业化水平。第七，μ 为两种中间产品的专业化水平转换率，因为生产绿色创新产品存在较高的学习成本，因此实际生产绿色创新产品的专业化水平为 μl_y，$\mu \in (0,1)$；而传统产品学习成本较低，假定 $\mu=1$，因此实际生产传统产品的专业化水平为 l_x。第八，p_x、p_z 和 p_z 分别表示传统产品、绿色创新产品和高质量产品的价格，为了便于研究，用绿色产品的价格作为计价标准，即 $p_z=1$。第九，通过研究传统产品和绿色创新产品的交易效率对绿色创新的影响程度，间接说明了传统生产方式和绿色创新生产方式对绿色创新的影响程度。

（2）一般均衡分析

在现实经济活动中，每个经济主体既可以选择自给自足模式，也可以选择专业化模式。结合文定理和上述条件约束，存在如下几种不同的决策模式：

① 决策模式 A：自给自足

自给自足是指每一个经济主体独立生产和消费高质量产品，且不同经济主体之间不存在任何交易行为。在自给自足决策模式下，个体经济行为通常具有 $A(xz)$ 和 $A(yz)$ 两种分工结构。其中，分工结构 $A(xz)$ 表示每个经济主体自己生产传统产品 X，并基于传统产品生产高质量产品 Z。因此，可以得到等式 $x^s = x^d = y = y^s = y^d = z^d = z^s = 0, x > 0, z > 0$，求解角点均衡为：

$$U_{A(xz)} = \left(\frac{b\beta}{\alpha + b\beta}\right)^{b\beta} \left(\frac{\alpha}{\alpha + b\beta}\right)^{\alpha} \tag{6.7}$$

同理，分工结构 $A(yz)$ 表示每个经济主体自己生产绿色创新产品，并利用绿色创新产品进一步生产高质量产品 Z。同上求解得到分工结构 $A(yz)$ 的角点均衡为：

$$U_{A(yz)} = \mu^{b\beta} \left(\frac{b\beta}{\alpha + b\beta}\right)^{b\beta} \left(\frac{\alpha}{\alpha + b\beta}\right)^{\alpha} \tag{6.8}$$

通过对自给自足决策下两个角点均衡值进行比较，由于 $\mu \in (0,1)$，不难发现 $U_{A(xz)} > U_{A(yz)}$ 恒成立。结果表明，在中间技术自给自足的条件下，利用传统生产方式的分工结构之经济效益要显著高于有绿色创新生产方式参与的分工结构。其内在的经济学含义是：在中间技术自给自足的条件下，经济主体更偏爱于以传统生产方式生产最终产品的分工结构 $A(xz)$。自给自足决策 A 的一般均衡及其超边际比较静态分析详见表 6.1。

表 6.1 决策 A 的一般均衡及其超边际比较静态分析

参数区间	$\mu \in (0,1)$
均衡结构	$A(xz)$

② 决策模式 B：传统型完全分工

传统型完全分工指 M 个经济主体中，一部分经济主体选择专门生产传统产品，并通过市场购买高质量产品 Z 进行消费，简称分工结构 $B_{(x/z)}$；另一部分经济主体通过市场购买传统产品 X 来专业生产高质量产品 Z，消费 Z 和出售 Z，简称分工结构 $B_{(z/x)}$。在分工结构 $B_{(z/x)}$ 中，根据 $x = x^s = y = y^s = y^d = z^d = 0, x^d > 0, z > 0, z^s > 0$，求解得到角点均衡解为：

$$U_{B(z/x)} = \left(\frac{\lambda_1 k_1 \beta}{P_x}\right)^{\frac{\beta}{1-\beta}} (1-\beta) \tag{6.9}$$

同理，进一步计算得到分工结构 $B_{(x/z)}$ 的角点均衡 $U_{B(x/z)} = k_1 P_x$。因此，在以传统生产方式进行最终产品的决策中，结合两个分工结构的角点均衡，再根据效用均等原则进一步计算可以得到：

$$P_x = (\lambda_1 k_1 \beta)^{\beta} \left(\frac{1-\beta}{k_1}\right)^{1-\beta} \tag{6.10}$$

$$U_{(B)} = (\lambda_1 k_1^2 \beta)^{\beta} (1-\beta)^{1-\beta} \tag{6.11}$$

③ 决策模式 C：创新型完全分工

创新型完全分工是指 M 个经济主体中，一部分经济主体选择专门生产绿色创新产品，并通过市场购买高质量产品 Z 进行消费，简称分工结构 $C_{(y/z)}$；另一部分经济主体通过市场购买绿色创新产品 Y 来专业生产高质量产品 Z，消费 Z 和出售 Z，简称分工结构 $C_{(z/y)}$。在分工结构 $C_{(z/y)}$ 中，根据 $y = y^s = x = x^s = x^d = z^d = 0, y^d > 0, z > 0, z^s > 0$，求解得到角点均衡解为：

$$U_{C(z/y)} = \left(\frac{\lambda_2 k_2 \beta}{P_y}\right)^{\frac{\beta}{1-\beta}} (1-\beta) \tag{6.12}$$

同理，进一步计算得到分工结构 $C_{(y/z)}$ 的角点均衡 $U_{C(y/z)} = \mu^b k P_y$。于是，在以绿色创新生产方式进行最终产品的决策中，结合两个分工结构的角点均衡，再根据效用均等原则进一步计算可以得到：

$$P_y = (\lambda_2 k_2 \beta)^{\beta} \left(\frac{1-\beta}{\mu^b k_2}\right)^{1-\beta} \tag{6.13}$$

$$U_{(C)} = (\mu^b \lambda_2 k_2^2 \beta)^{\beta} (1-\beta)^{1-\beta} \tag{6.14}$$

（3）超边际决策分析

综合上述决策模式 A、B、C 的均衡结果，我们可得到生产率、专业化程度、交易效率与均衡分工结构之间的超边际比较静态分析结果（见表 6.2）。从表 6.1 和表 6.2 可以发现：

① 当两种中间产品的交易效率 k_1、k_2 都比较低时（$k_1 < \sqrt{\mu^b \theta / \lambda_1}$ 且 $k_2 <$

$\sqrt{\theta\lambda_2}$），经济主体进行中间产品交易的成本远远高于交易带来的好处，其理性选择会是自给自足的传统生产方式——决策模式 A，自给自足成为均衡结构。此时，交易效率对绿色创新的影响表现为无效应。随着 k_1、k_2 不断改进，当两者达到一定水平后，会出现 $U_{(B)}>U_{(A)}$ 或者 $U_{(C)}>U_{(A)}$，经济主体基于收益考虑，其最优决策将由自给自足结构转向传统分工结构或者绿色创新分工结构（即由决策模式 A 过渡到分工的决策模式 B 或者 C）。

② 当传统产品的交易效率较高时（$k_1>\sqrt{\mu^b\theta/\lambda_1}$），若同时满足一定条件（$k_1>\sqrt{\mu^b\lambda_2/\lambda_1}k_2$），则利用传统生产方式的决策模式 B 成为一般均衡，此时理性的经济主体会优先选择传统分工结构。也就是说，当传统产品的交易效率与绿色创新产品的交易效率的比值大于 $\sqrt{\mu^b\lambda_2/\lambda_1}$ 时，理性的经济主体会优先选择专门从事传统产品或者购买传统产品以生产高质量产品，传统分工结构成为均衡结构，绿色创新方式难以在市场中出现，最终产品的生产方式锁定在传统生产方式的“樊笼”中。此时交易效率的改进不足以推动绿色创新生产方式产生，交易效率的改进可能会强化传统生产方式的应用，抑制绿色创新分工结构的产生，交易效率对绿色创新的影响作用表现为效应不显著甚至为负效应。

③ 当传统产品的交易效率较低（$k_1<\sqrt{\mu^b\theta/\lambda_1}$）且绿色创新产品的交易效率较高时（$k_2>\sqrt{\theta\lambda_2}$），或者当传统产品的交易效率较高（$k_1>\sqrt{\mu^b\theta/\lambda_1}$）且绿色创新产品的交易效率满足一定条件时（$k_2>k_1/\sqrt{\mu^b\lambda_2/\lambda_1}$），总有 $U_C>U_{A(xz)}>U_B$ 或者 $U_C>U_B>U_{A(xz)}$ 成立，从而决策模式 C 成为一般均衡。此时，交易效率对绿色创新的影响作用表现为正效应，理性的经济主体会优先选择专门从事生产绿色创新产品或者购买绿色创新产品以生产高质量产品。其经济含义就是：随着交易效率的改进，绿色创新分工结构得以诞生，绿色创新生产方式替代了传统生产方式，在最终产品的生产中得以应用。这个结论与经济现实较为吻合。相比绿色创新生产方式的投资风险和不成熟性，市场机制作用常常会推动传统生产方式在分工初期占优（表现为传统产品的交易效率 k_1 远大于绿色创新产品的交易效率 k_2），以致经济主体会优先选择传统生产方式来进行生产。此时，绿色创新效率和水平更依赖于政府推动绿色制度安排和供需政策。在政府绿色制度及政策的指引下，约束传统生产方式，激励绿色创新生产方式，进而促进

传统分工结构转向绿色创新分工结构。

表 6.2　一般均衡和超边际比较静态分析

转换条件	$k_1 < \sqrt{\mu^b\theta/\lambda_1}$		$k_1 > \sqrt{\mu^b\theta/\lambda_1}$	
	$k_2 < \sqrt{\theta\lambda_2}$	$k_2 > \sqrt{\theta\lambda_2}$	$k_2 < k_1/\sqrt{\mu^b\lambda_2/\lambda_1}$	$k_2 > k_1/\sqrt{\mu^b\lambda_2/\lambda_1}$
均衡结构	A(xz)	C	B	C

④ 进一步分析上述转换条件可以发现，要实现从传统分工结构向绿色创新分工结构的跳跃，一个关键且必要的条件就是绿色创新产品的交易效率逐渐改进。根据新兴古典经济学理论，专业化经济与交易成本之间的两难冲突决定了经济组织结构的演进方向，而交易成本采用具有冰山交易成本属性的交易效率衡量，在交易效率较低的情况下，分工带来的收益低于交易过程中造成的损失。此外，绿色创新生产方式的研发还需要付出人力资本和学习成本，低交易效率导致的高交易成本挤出了企业的研发投入，专门从事绿色创新生产方式的专家和绿色创新的分工结构便不会在市场上出现，分工结构当然也就不会发生跳跃，使得低交易效率水平下自给自足决策或者传统分工结构成为稳定均衡。由于较高的创新成本和风险，相当多的创新型企业仅是勉强生存，离熊彼特所描述的具有创新和成长导向的新企业特征相差甚远。这就使得创新初期，交易效率的提高不会促进绿色创新，而是使得企业偏向对传统生产方式的使用。要打破这一均衡，实现转向绿色创新分工结构，就必须不断提高绿色创新产品的交易效率。当然，受专业化劳动程度、专业化水平转化率等外生因素的影响，这一跳跃是个复杂的过程，交易效率对绿色创新的作用方向和强度究竟如何，还需通过实证进行深入探讨。综上，本书得到以下两个命题。

命题 1：在交易效率较低的分工演进初期，尽管交易效率提升能够推动分工演进水平提高，但经济主体选择的中间生产方式仍然锁定在传统分工结构，绿色创新分工结构难以在市场上诞生，交易效率对绿色创新的影响可能并不显著，甚至表现为负效应。

命题 2：随着交易效率改进，分工演进达到一定水平后，成本—收益约束会促使经济主体的决策模式由自给自足或者传统分工结构向绿色创新分工结构演进，绿色创新便会伴随着分工演进而产生，交易效率对绿色创新的影响表现为正效应。

6.3.2 绿色创新与转型发展的理论模型

（1）基本模型

这里借鉴杨小凯（1988）的新兴古典模型，假定某经济社会由 M 个消费者—生产者构成，有一种最终产品为高质量产品 Z，其可用劳动 l 加上中间产品 X 或 Y 进行生产（其中传统产品 X 是由传统生产方式生产的产品，绿色创新产品 Y 是由绿色创新生产方式生产的产品），即传统产品的生产率 λ_1 低于绿色创新产品的生产率 λ_2（$\lambda_1 < \lambda_2$）。此外，传统生产方式往往造成较大的环境破坏，政府部门会对使用此种方式的生产部门增收减排税（设为比例税 t），致使高质量转型发展水平较低，相对而言，绿色创新生产方式的破坏较小，假定不对其增收减排税（$t=0$），则高质量转型发展水平较高。人们既可以选择自己生产最终高质量产品和生产方式，也可以直接从市场上购买。z、z^d 和 z^s 分别表示高质量产品的自给量、购买量和销售量，x、x^d 和 x^s 分别表示传统产品的自给量、购买量和销售量，y、y^d 和 y^s 分别表示绿色创新产品的自给量、购买量和销售量。k 为具有冰山交易成本属性的交易效率系数，即购买一单位产品实际得到的 k 部分。高质量产品 Z 根据 CES 生产函数来生产，个人决策问题可表述为：

$$\max U = z + kz^d \tag{6.15}$$

$$\text{s.t. } z^p = z + z^s = [(x+\lambda_1 kx^d)^\rho + (y+\lambda_2 ky^d)^\rho]^{\frac{\beta}{\rho}} l_z^{\alpha_1} \tag{6.16}$$

$$x^p = x + x^s = l_x^{\alpha_2} \tag{6.17}$$

$$y^p = y + y^s = (\mu l_y)^{\alpha_3} \tag{6.18}$$

$$l_x + l_y + l_z = 1 \tag{6.19}$$

$$\omega p_z z^s + p_x x^s + p_y y^s = p_z z^d + p_x x^d + p_y y^d \tag{6.20}$$

其中，式（6.15）和式（6.16）分别表示高质量产品的效用函数和生产函数，式（6.17）和式（6.18）分别表示传统产品和绿色创新产品的生产函数，式（6.19）和式（6.20）分别表示劳动禀赋约束和预算约束。为简化而又不失一般性，我们假定：第一，α_1 、α_2 和 α_3 均为大于 1 的常数，即在生产上存在专业化经济，且令 $\alpha_1 = \alpha_2 = \alpha_3 = \alpha$ 。第二，绿色创新产品需要较高的学习投入，只有部分劳动用于实际生产，其实际生产的专业化水平为 μl_y ，$0 < \mu < 1$ ；而传统产品学习投入较低，假定不需要学习投入，其实际生产的专业化水平为 l_x 。第三，$\omega = a + (1-a)\gamma_i$ 为实际获得收入的比例系数，$a \in [0,1]$ 为高质量转型发展水平，则 $1 - a$ 为低质量转型发展水平。因为减排税的存在，以利润最大化为目标且使用传统生产方式的厂商有将高质量产品生产从绿色经济部门转向非绿色经济部门的倾向（$\gamma_1 = 1-t$ ，$0 < t < 1$），而由于前面假定不对绿色创新生产方式增收减排税（$t = 0$），则有 $\gamma_2 = 1$ 。

（2）超边际决策分析

为了聚焦绿色创新对高质量转型发展的影响，选取传统型完全分工（图 6.4）和绿色创新型完全分工（图 6.5）两种结构模式，并结合文定理、库恩-塔克定理及上述假定条件进行分析。

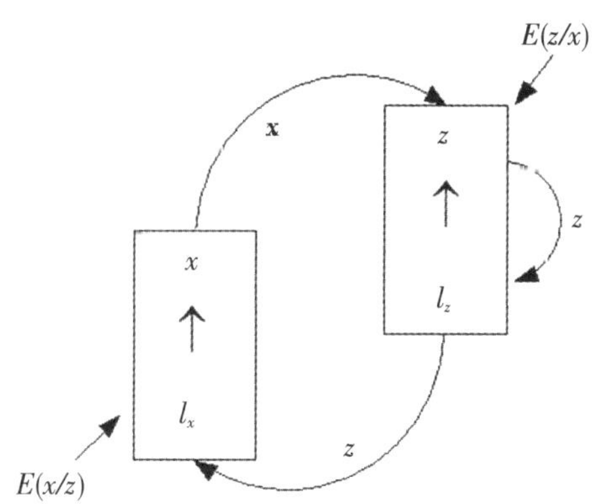

图 6.4　传统型完全分工

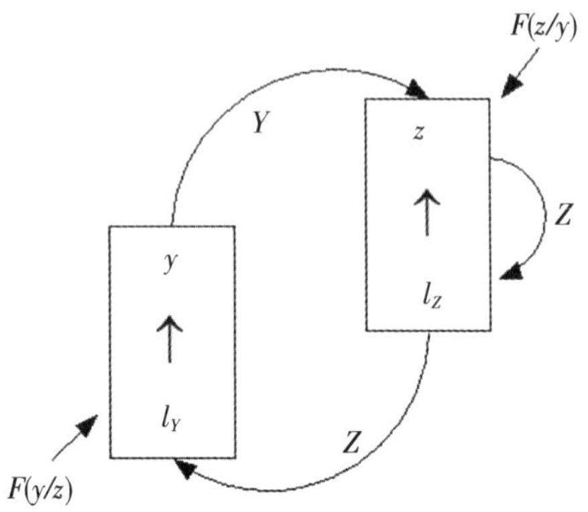

图 6.5　绿色创新型完全分工

换言之，我们考虑的生产和交易都是实现了充分专业化的情况。因此，传统型完全分工和绿色创新型完全分工的决策条件分别表示如下。

传统型完全分工：

$$
\begin{aligned}
&l_x = 1, \quad x = x^d = y = y^d = y^s = z = z^s = 0 \\
&l_z = 1, \quad x = x^s = y = y^d = y^s = z^d = 0
\end{aligned} \tag{6.21}
$$

绿色创新型完全分工：

$$
\begin{aligned}
&l_y = 1, \quad x = x^d = x^s = y = y^d = z = z^s = 0 \\
&l_z = 1, \quad x = x^d = x^s = y = y^s = z^d = 0
\end{aligned} \tag{6.22}
$$

将式（6.21）和式（6.22）两个决策条件分别代入第一节呈现的模型，按照效用均等化条件进行求解，分别得到传统型完全分工和绿色创新型完全分工的角点均衡（见表 6.3）。

表 6.3　两种结构模式的角点均衡

结构模式	角点均衡
传统型完全分工（E）	$p_x = \{[a+(1-a)(1-t)]\beta\lambda_1\}^\beta (1-\beta)^{1-\beta} k^{2\beta-1}, p_z = 1$， $U_E = \{[a+(1-a)(1-t)]\beta\lambda_1 k^2\}^\beta (1-\beta)^{1-\beta}$
创新型完全分工（F）	$p_y = (\beta\lambda_2)^\beta (1-\beta)^{1-\beta} k^{2\beta-1} \mu^{a(\beta-1)}, p_z = 1$， $U_F = (\mu^a \beta\lambda_2 k^2)^\beta (1-\beta)^{1-\beta}$

从理性人角度出发，要实现传统型完全分工向创新型完全分工的演变，一个必不可少的条件就是$U_F > U_E$，即绿色创新型完全分工的生产者获得的效用（在新兴古典经济学里面称为人均真实收入）比传统型完全分工的生产者获得的效用更高。而比较传统型完全分工和绿色创新型完全分工的角点均衡可以发现，令$U_F = U_E$，有$a^* = [\mu^a \lambda_2 + (t-1)\lambda_1]/(t\lambda_1)$，此时两种结构模式的效用相等，生产者选择使用哪种生产方式都没有差异。但是，当$a \neq a^*$时，显然两种结构模式带来的效用水平存在差异。具体而言，当$a > a^*$时，$U_E > U_F$，即绿色创新水平大于临界值a^*时，传统型完全分工成为一般均衡，因为使用传统型完全分工可以获得更高的效用，生产者没有动力使用绿色创新生产方式进行生产；当$a < a^*$时，$U_E < U_F$，此时绿色创新水平没有跨过临界值a^*，使用绿色创新生产方式的生产者可以获得更高的效用，实现帕累托最优。特殊地，当$a^* < 0$，即$\mu^a \lambda_2 < (1-t)\lambda_1$时，$a > a^*$恒成立，传统型完全分工的效用恒大于绿色创新型完全分工的效用，这意味着过高的绿色创新生产方式的学习成本和过低的减排税，使得绿色创新水平已经不存在临界值，无论绿色创新水平多大也无法弥补绿色创新型完全分工高额的学习成本。

综合以上超边际决策及一般均衡分析，可得到如下结论：绿色创新对高质量转型发展水平的影响并非单一线性的，传统型完全分工向绿色创新型完全分工的演变呈螺旋式。一方面，当$a^* \geqslant 0$时，绿色创新对高质量转型发展水平的影响与具体的绿色创新水平有关。绿色创新水平较高时（$a > a^*$），其对转型发展水平具有抑制作用，传统型完全分工成为一般均衡；而当绿色创新降到较低水平时（$a < a^*$），其对高质量转型发展水平又具有促进作用，传统型完全分工转向绿色创新型完全分工。另一方面，当$a^* < 0$时，绿色创新对转型发展水平的影响不明显。绿色创新对转型发展水平的非线性影响究竟如何，需要我们使用中国省域面板数据进行进一步实证研究。

6.4　本章小结

（1）基于新兴古典经济学理论，运用分工理论从技术创新和绿色发展两个侧面展开研究，有效揭示了绿色创新形成与演进的内在机理。随着分工的不断深化，专业化、多样化水平逐渐提高，分工结构演进引起的技术创新与黑色分工向绿色分工转变带来的绿色发展形成合力，协同推进绿色创新目标的实现。

(2) 绿色创新是实现转型发展的必由之路，对于解决经济体内部矛盾至关重要。通过绿色创新可以有效缓解当前社会的主要矛盾，逐步解决人民日益增长的美好生活需要；通过绿色创新有利于适应转换中的经济发展阶段，促进中国经济提质增效；通过绿色创新可以增强我国国际竞争力，改善不利的国际产业分工地位。绿色创新在缓解社会主要矛盾、适应经济发展阶段、引领全球化进程等方面发挥着重要作用，使我国经济发展有速度更有质量，推动实现经济高质量发展，实现由量到质的转变。

(3) 在政府规制和公众偏好双重压力下，分工朝着有利于绿色创新发展的方向演进，而绿色创新通过有效解决经济体内部矛盾，推动实现转型发展。基于此，构建了基于分工逻辑的绿色创新与转型发展理论框架，其中主要包括政府、公众、分工演进、绿色创新、经济体内部矛盾和转型发展六个部分的内容。

(4) 通过研究交易效率与绿色创新的理论模型，构建了绿色创新与转型发展的理论模型。综合超边际决策及一般均衡分析，得到如下结论：绿色创新对转型发展的影响并非单一线性的，但绿色创新对转型发展水平的非线性影响究竟如何，还需使用中国省域面板数据进行进一步实证研究。

第7章　基于新经济地理学的绿色创新与转型发展的理论研究

绿色创新将绿色发展和创新驱动有机结合，是推进生态文明建设和转型发展的重要引擎。传统经济学理论一般忽视了现实的空间，未考虑交易费用的影响，且是在规模报酬不变和完全竞争的假设前提下进行研究，但许多事实已经证明这一前提假设并不能完全成立，特别是在当今新经济潮流的作用下，知识信息是具有可共享性、外溢性、扩散性的，在以知识为基础的经济领域，边际收益递增取代边际收益递减成为新经济的特点。本章主要包括三个部分。第一部分分别从城市内、城市间和城市整体三个角度系统研究了绿色创新驱动转型发展的影响机理；第二部分从模型基本假设、消费者行为、生产者行为、短期均衡、长期均衡等五个方面简要介绍了FE模型的基本思想；第三部分以FE模型为基础，结合“冰山”交易理论，构建了绿色创新驱动转型发展的理论模型。

7.1　城市绿色创新影响转型发展的机制

7.1.1　直接影响机制

从“波特假说”来看，要使绿色创新能够助推企业实现环境保护和企业发展双赢，关键在于促使绿色创新的“创新补偿效应”大于环境规制的“遵循成本效应”。因此，城市内部绿色创新和经济转型发展之间的作用机制，与绿色创新的

“政府补偿效应”和“技术补偿效应”两方面有关。鉴于此，绿色创新影响转型发展的路径主要有两条：一是政府通过主导绿色创新战略，依托绿色发展政策，提高政府补偿效应，促使企业摒弃黑色发展模式，助推产业结构转型，促进经济高质量转型发展。政府主导下的绿色创新，通过绿色政策和环境规制的有效搭配，采取财政税收、技术补贴、绿色金融、政府购买等政策手段，提高政府对绿色创新的补偿效应，有助于降低企业前期研发投入和市场风险，激发企业转向绿色创新方向，进而推动经济转向可持续和结构优化的转型发展。二是发挥绿色创新的技术补偿效应，促进企业提高产品质量和改善生产效率，推动经济实现质量变革、效率变革和动力变革，促进经济转型发展。积极促进企业开发和应用绿色创新技术，发挥绿色创新的技术补偿效应，实现新旧动能转换，塑造转型发展的基础动力。当前我国经济面临增速放缓、发展动力不足、发展方式难以持续等现实问题，迫切需要转换经济发展的核心动能，从以粗放式要素投入驱动转变为以绿色创新驱动，从微观、产业与宏观层面全方位引领经济转型发展。在微观层面上，激励企业增加研发投入，培养绿色技术人才，采用更多绿色先进设备和技术，促进组织创新、工艺创新和产品创新，提高生产效率和企业竞争优势，增强企业绿色内生发展动力，助推企业转型发展。在产业层面上，通过制度创新和政策创新，激发各产业、行业的综合比较优势，形成以企业为主体、市场为导向、产学研深度融合的技术创新体系，驱动产业转型发展。在宏观层面上，充分融合制度创新、政策创新和技术创新的合力，驱动传统产业转型升级，增加有效供给以及提升供给质量，形成绿色创新驱动力强劲的绿色新兴产业集群及体系，提升绿色产业竞争力，以新旧动能转换促进宏观经济转型发展。绿色创新兼具绿色发展与创新驱动双重属性，对城市内转型发展具有促进作用。

7.1.2 间接影响机制

由于存在空间溢出效应，绿色创新会对相邻其他城市转型发展水平和进程产生影响。具体而言，城市间绿色创新对转型发展的空间效应是通过绿色创新的溢出效应来实现的，其中绿色创新的溢出效应主要表现在知识溢出方面，即透过地理空间上的绿色创新知识扩散对其他城市的转型发展产生作用。城市间绿色创新影响转型发展的传导路径主要有两条。一是通过互联网平台加速绿色创新显性知识的空间扩散，促进其他城市转型发展。随着信息技术的迅速发展，人们之间的知识交流与信息输送通过互联网平台得到了更快更好的实现。当某个城市率先采取绿色创新发展战略取得转型发展的进展后，其成功经验会依托互联网平台快速传导到其他城市，其他城市通过学习模仿先行城市的部分或者全部显性知识与成功经验，可以以较快速度和较低风险提升其转型发展水平。二是通过绿色创新高层次人才在城市间有效流动，扩大绿色创新隐性知识的溢出效应，提升其他城市转型发展的能力。城市转型发展水平的提升，从根本上来说依赖于绿色创新高层次人才的隐性知识存量，绿色创新高层次人才流动在绿色创新隐性知识转移中起着重要作用。目前，随着城市之间合作与城市群建设的加速，绿色创新高层次人才在城市之间的流动也日益频繁，这种人才流动效应不仅能够拓展隐性知识的空间溢出渠道，对人才流入地企业的创新行为也会产生积极影响。这些企业在合理配置创新人才的基础上，实现对绿色创新知识和技术的有效吸收，进一步提升自身绿色创新能力，从而显著促进转型发展，表现为绿色创新会促进其他城市转型发展。

7.1.3　总体影响机制

无论基于城市内层面还是城市间层面，绿色创新对转型发展均具有促进作用。但是值得注意的是，绿色创新对转型发展的城市空间效应并非仅受到城市内直接传导以及城市间空间传导的积极影响，还会受到城市行为博弈的消极影响。一方面，当某一城市先行以绿色创新作为推动转型发展的主要战略时，其必定付出高额的绿色创新成本，而其他城市可以借助溢出效应获得绿色创新的相关隐性知识和技术经验，以较低的绿色创新成本便能显著提升转型发展水平。显然，先行城市绿色创新水平在一定程度上可以促进其他城市的转型发展，这种现象在经济学上被称为“搭便车”行为，也就是可以获得由溢出效应所带来的后发额外收益。另一方面，正是由于存在“搭便车”这种投机行为，其他城市绿色创新成本要远远低于先行城市的绿色创新成本。对先行城市而言，由于付出了较大成本却不能获得经济补偿，其持续进行绿色创新的动力会被削弱，此时其他城市亦会做出类似决策，产生不利于转型发展的抑制作用，从而制约城市转型发展（称为“邻近城市反馈效应”）。但从总体层面来看，当某城市 A 最先开始实行绿色创新战略来推动转型发展，在此过程中，该城市必定会付出一定的成本效应，而对于邻近城市B，通过知识溢出效应而受到城市A绿色创新的促进作用来提升本地区的转型发展，B城市只需付出较少的成本就能获得较大的收益，城市间是存在“竞争效应”的。一方面，“竞争效应”的存在会促使两地区都实行更好、更完善的绿色创新技术，从而能够更大程度地促进转型发展；另一方面，由于城市A付出较大成本却不能获取更多收益，会减少其进行技术创新的积极性，此时，城市B也会存在相同的决策，从而在城市层面上可能会对转型发展存在抑制作用。

综上所述，绿色创新对转型发展的影响效应会在不同维度通过不同方式来实现，具体影响路径方式如图7.1所示。绿色创新对经济转型发展在不同层面的影响效应还需通过现实的数据进行实证分析才能验证。

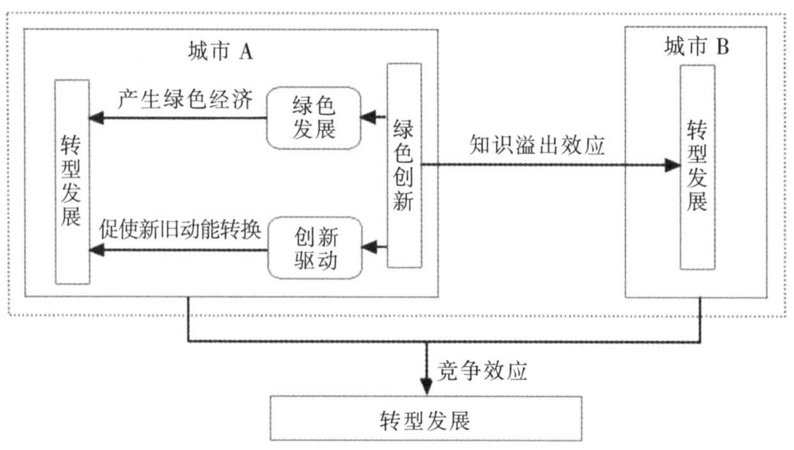

图7.1 绿色创新影响转型发展的机理

7.2 FE模型的基本思想

自由企业家（FE）模型是在核心-边缘（CP）模型和自由资本（FC）模型的基础上发展起来的一种新经济地理模型，兼有两者的特征。和CP模型相比，FE模型将人力资本作为一种生产要素，生产要素和要素所有者不能分离，生产要素的流动同时伴随着所有者的流动，这意味着生产要素大的流动会导致消费支出的转移。与FC模型相比，FE模型的流动生产要素是人力资本，而FC模型的流动生产要素是物质资本。两个模型的一个重要区别是：FC 模型中物质资本的流动并不伴随着资本所有者的流动，并且资本的收益被返回到资本所有者的区域消费，资本流动的动因是追求更高的名义收益率；FE 模型中，人力资本与人力资本的所有者是不可分离的，并且人力资本所有者区际流动的动因是追求更高的实际收益率。

7.2.1　模型基本假设

假设存在垄断竞争下的工业部门 M 和农业部门 A，其中，农业部门只使用工人（L）一种生产要素，而工业部门的固定投入和可变投入涉及两种生产要素，固定投入只包括人力资本（H），可变投入只包括工人（L）。有南北两个区域，这两个区域在偏好、技术条件、交易水平、要素禀赋等方面都是对称的。农业部门在完全竞争和规模收益不变的情况下生产同质产品，单位产出需要 a_A 单位的劳动力，劳动力工资用 ω_A 来表示。工业部门使用人力资本和劳动力两种生产要素在 D-S 的垄断竞争下进行生产，具有规模收益递增的特征，生产每一单位产品需要 a_M 单位的劳动力和一单位的人力资本。这样每一个工业企业的成本函数可以写成 $w+w_L a_M x$ ，其中，w 为企业家的名义收入，也等于单位人力资本的名义收益率；w_L 为工人的名义工资；x 为产出量。两种产品在地区间可以进行交换，假定农产品交易无成本而工业产品交易遵循冰山交易成本。如果在其他地区要出售一个单位的产品，那么必须运输 τ 个单位的产品（$\tau \geqslant 1$），也就是说 $\tau-1$ 个单位产品将运输成本“融化”掉了。但这里 τ 并非单纯的运输成本，它包括出售在区外时的所有成本。企业为了补偿其在运输过程中的损失，在外地市场就要收取更高的价格，即 $p^{*}=\tau p$ 。

7.2.2　消费者行为

每个地区的代表性消费者都具有双重效用。第一层效用是指消费者把总支出按不同比例支付农产品和工业产品时的效用，用柯布-道格拉斯型效用函数表示。第二层效用是指消费者消费差异化的工业产品时的效用。消费者效用最大化问题可以分为两步处理：第一步，考虑消费某工业品费用组合为 C_A 时，根据支出最小化可解出其工业品的需求函数和工业品价格指数；第二步，考虑消费者在农产品与工业产品组合之间的选择，从而解出农产品和工业产品组合需求函数。

7.2.3 生产者行为

在 D-S 的垄断竞争框架下，每个工业企业规模都比较小，因而可以忽略各企业产品价格对需求函数的影响，同时，产品是差异化的，因而企业间没有策略性共谋活动。代表性企业的行为类似于垄断厂商的行为。根据前面给出的成本函数，可以得到企业的利润函数。由于没有储蓄，收入和支出相等，根据消费者的需求函数式，可以得出该经济系统对企业产品的总需求。再根据企业利润最大化条件，可以解出产品价格。企业均衡利润为零，由于人力资本充当了资本的角色，因此经营利润就是人力资本的报酬。工业企业的空间分布（也就是人力资本的空间分布）影响支出份额的空间分布，给定人力资本的分布模式，则可以得到市场份额的分布模式。

7.2.4 短期均衡

在短期，可以认为流动要素（劳动力）的空间分布是给定的，在这种情况下考察内生变量。农业部门是完全竞争部门，规模收益不变，因此，农产品实行边际成本定价，并且农产品的区间贸易不存在交易成本，农产品的价格在任何区间相同。工业部门是垄断竞争部门，由消费者对农产品的需求函数，可以解出北部消费者对某种工业品的需求函数。企业利润最大化的定价策略为加成定价，可以求出企业在本地市场与在外地市场的出售价格、人力资本报酬和市场份额。

7.2.5 长期均衡

工人在区域间不流动。在对称 FE 模型中，两个区域的工人数量相等。人力资本具有空间流动性，因此在 FE 模型中，企业家或人力资本 H 的空间分布是一个内生变量。企业家或人力资本 H 的空间流动，由人力资本实际收入的空间差异所决定。企业家或人力资本 H 的流动方程为：

$$v_H = (\omega - \omega^*) s_H (1 - s_H), \quad s_H = H/H^*$$

s_H 表示北部区域的人力资本份额。由于每个企业都只使用 1 单位的人力资本，因此人力资本的份额也就是工业生产份额，即 $s_H = s_n$ 。

长期均衡通过人力资本的流动而实现，当不存在人力资本流动时，经济系统实现长期均衡，结合人力资本的流动方程，长期均衡条件可写成：

$$\omega = \omega^* \text{，当 } 0 < s_n < 1 \text{ 时}$$

$$s_n = 0 \text{，或 } s_n = 1$$

其中，ω 指的是实际收入。

7.3　绿色创新与转型发展的理论模型

与本书主题相关的已有理论成果主要基于新古典分析框架展开研究，其既忽略了转型发展的空间溢出效应，也未详细讨论绿色创新的跨区间互动关系，而仅仅将研究范围囿于一个区域之内，所得出的结论也就难以有效解释现实问题。本书从地区间相互影响这一事实出发，通过将绿色创新和转型发展引入同一个分析框架，从而构建新经济地理学模型，试图更加准确地解释绿色创新对城市转型发展的影响。后续所构建的模型主要以空间的迪克西特-斯蒂格利茨模型为基础，通过借鉴 Ottaviano（1996）、Forslid 和 Ottaviano（1999）、乔彬（2016）等学者的研究思路，同时引入绿色创新和转型发展等因素，并依据空间经济学理论进行建模。

7.3.1　模型基本假设

模型的基本假设如下：

（1）两个地区，N 地区和 S 地区，两个地区在偏好、技术、交易水平、禀赋方面都相同。

（2）三个部门，农业部门（A），工业部门（M）和政府部门（G）。

（3）两种生产要素，人力资本或企业家（H）和工人（L），其中 N 地区和 S 地区的人力资本数量分别用 H 和 H^* 来表示，总的人力资本数量用 H^w 来表示，人力资本更趋向于实际工资高的地区；N 地区和 S 地区的工人数量分别用 L 和 L^* 表示，总的工人数量用 L^w 来表示。

（4）效用函数，每个地区的消费者都有两个层面的效用函数，即总效用函数和子效用函数。总效用函数是指消费农产品和多样化的工业品时的效用函数，它用柯布-道格拉斯效用函数来表示；子效用函数是指消费多样化的工业品时的效用函数，它用不变替代弹性（CES）函数来表示。效用函数如下：

$$U = C_M^{\mu} C_A^{1-\mu}\ ,\quad C_M = \left(\int_{i=0}^{n^w} c_i^{(\sigma-1)/\sigma} \mathrm{d}i\right)^{\sigma/(\sigma-1)}\ ,\quad 0 < \mu < 1 < \sigma \tag{7.1}$$

消费者的预算约束为：

$$\int_0^{n^w} p_i c_i \mathrm{d}i + p_A C_A = Y$$

(5) 间接效用函数（实际收入函数）：企业家和工人的名义收入分别用 w 和 w_L 表示，则可以分别写出与式（7.1）相对的间接效用函数：

$$\omega = wP\ ,\quad \omega_L = w_L P\ ,\quad P = p^{-(1-\mu)} P_M^{-\mu}\ ,\quad P_M = \left(\int_{i=0}^{n^w} p_i^{1-\sigma} \mathrm{d}i\right)^{1/(1-\sigma)} \tag{7.2}$$

$P = p^{-(1-\mu)} P_M^{-\mu}$ 是消费者生活成本指数，$P_M = \left(\int_{i=0}^{n^w} p_i^{1-\sigma} \mathrm{d}i\right)^{1/(1-\sigma)}$ 是消费者面对的工业品价格指数。为方便起见，用 $\Delta = \left(\int_0^{n^w} p_i^{1-\sigma} \mathrm{d}i\right)/n^w$ 表示消费者可消费的工业品价格的某个幂指数的平均值，则 $P_M = (\Delta n^w)^{1/(1-\sigma)}$ 。式（7.2）可以写成：

$$\omega = w p_A^{-(1-\mu)} (\Delta n^w)^{\alpha}\ ,\quad \omega_L = w_L p_A^{-(1-\mu)} (\Delta n^w)^{\alpha}\ ,\quad \alpha = \mu/(\sigma-1) \tag{7.3}$$

表 7.1　效用函数中各参数含义及说明

参数	含义
C_M	消费者对差异化工业品的消费量
C_A	消费者对同质化农产品的消费量
c_i	消费者对第 i 种工业品的消费量
n^w	企业总数或者工业品种类总数
μ	支出在工业品上的支付份额
σ	差异化工业品之间的相互替代能力，σ 越大表示产品间替代能力越强
Y	总收入
p_i	消费者消费一单位 i 类工业品所需要支付的价格
p_A	农产品价格

(6) 工业部门以规模收益递增和垄断竞争为特征，使用人力资本和劳动力，生产差异化的工业产品，每一个企业只生产一种差异化产品，每一个企业把一单位人力资本作为固定收入（即 $F=1$），此时企业数目与人力资本数目相同，即 $n^w=H$，每单位产出需要 a_m 单位的劳动力，这样每一个企业的成本函数可以写成

$w+(w_L a_m+th)x$ ，其中 w 为企业家的名义收入，也等于单位人力资本的名义收益率；w_L 为工人的名义工资；x 为产出量，生产一单位工业品会产生 h 单位的污染，把污染看作是生产要素，环境规制则是这种要素价格，而环境规制实施所导致的企业成本增加是基于企业生产过程中所产生的污染量。工业品的区际交易存在冰山交易成本，如果某一区域把自己生产的一单位产品出售在区外市场，那么它必须运输 τ（$\tau \geqslant 1$）单位产品，在运输过程中 $\tau-1$ 单位产品"融化"掉了。区内交易无交易成本。

（7）农业部门具有规模报酬不变特征，具有完全竞争的市场结构，生产同质产品。农业部门仅使用劳动力一种要素作为投入要素，一单位农产品的产出需要 a_A 单位的劳动，因此一单位农产品的成本是 $w_L a_A$ ，其中 w_L 为单位劳动的名义工资。农产品交易不存在交易成本，故农产品价格在各个地区都一样。

（8）政府部门负责对环境污染等负外部影响进行规制，其一方面对每单位工业制成品收取 t 比例的环境税，t 的大小反映了绿色创新水平，一般而言，t 越大代表绿色创新水平越高。

7.3.2　农业部门

对供给方而言，因为完全竞争，生产者按边际成本定价，因此 $p_A=a_A w_L$ ，$p_A^*=a_A w_L^*$ 。又因为农产品区际交易不存在交易成本，因此两个地区农产品价格相等，即 $p_A=p_A^*$ ，进而有 $w_L=w_L^*$ 。

7.3.3　工业部门

（1）产量决定

消费者效用最大化问题可以描述为：

$$\max U=\max_{C_M,C_A} C_M^{\mu} C_A^{1-\mu}$$

$$\text{s. t. } P_M C_M+p_A C_A=Y$$

构造拉格朗日函数并令一阶偏导等于 0，可求得最大化问题的解为：

$$C_M=\mu Y/P_M,\quad C_A=(1-\mu)Y/p_A \tag{7.4}$$

式（7.4）就是农产品和某工业品组合的需求函数。可以把式（7.4）中的前

一个式子写成 $C_M P_M = \mu Y$ 。由于没有储蓄，收入水平就是支出水平，支出水平为 E，其中 $E = wH + w_L L$ ，因此消费者对工业品的支出可以写成 μE 。再根据子效用最大化的一阶条件，可以求出某一工业品 j 的消费量 c_j ，即

$$c_j = \mu E \frac{p_j^{-\sigma}}{P_M^{1-\sigma}} = \mu E \frac{p_j^{-\sigma}}{\Delta n^w}, \quad P_M^{1-\sigma} = \int_{i=0}^{n^w} p_i^{1-\sigma} \mathrm{d}i, \qquad E = wH + w_L L \tag{7.5}$$

其中，p_j 为工业品 j 的价格；由于垄断竞争情况下，均衡时企业的超额利润为零，因此 E 只包括要素收入。生产产品 j 的 N 地区企业，它的产出包括两个市场上的需求，即 N 地区市场需求和 S 地区市场需求。由于我们假设运输成本为冰山成本，因此生产产品 j 的北部企业的产出量为 $x_j = c_j + \tau c_j^*$ 。

(2) 产品价格

在迪克希特-斯蒂格利茨垄断竞争模型中，企业是自由进入和退出的，因此均衡时企业的超额利润为 0，企业根据边际成本的不变加成定价法定价。根据前面给出的成本函数，生产第 j 种差异化产品的企业，其利润函数为：

$$\pi_j = p_j x_j - [w + (w_L a_m + th)x]$$

由以上推导可知，$c_j = \mu E \dfrac{p_j^{-\sigma}}{P_M^{1-\sigma}}$ ，$P_M^{1-\sigma} = \int_{i=0}^{n^w} p_i^{1-\sigma} \mathrm{d}i$ 。对第 j 种产品而言，如果忽略 p_j 对 $P_M^{1-\sigma}$ 的影响，那么 $P_M^{1-\sigma}$ 和 μE 就是常数，又由于跨区域交易存在冰山交易成本，因此 N 地区产品在 S 地区出售的价格和在本地出售的价格之比为 τ ，则第 j 种产品的价格和产量之间的关系可以写成：

$$x_j = c_j + \tau c_j^* , \qquad c_j = k p_j^{-\sigma} , \qquad c_j^* = k^* (p_j^*)^{-\sigma} = \tau^{-\sigma} k^* p_j^{-\sigma}$$

从而：

$$x_j = k p_j^{-\sigma} + \tau^{1-\sigma} k^* p_j^{-\sigma} = (k + \tau^{1-\sigma} k^*) p_j^{-\sigma} \tag{7.6}$$

其中，$k = \mu E / P_M^{1-\sigma}$，$k^* = \mu E^* / (P_M^*)^{1-\sigma}$ 。

式 (7.6) 为企业在进行利润最大化决策时所面临的市场约束。根据利润函数及约束方程，构建如下拉格朗日函数：

$$L = p_j x_j - [w + (w_L a_m + th)x_j] + \lambda[x_j - (k + \tau^{1-\sigma} k^*) p_j^{-\sigma}] \tag{7.7}$$

分别对 x_j 和 p_j 求偏导并令一阶导数为 0 得：

$$\frac{\partial L}{\partial x_j} = p_j - (w_L a_m + th) + \lambda = 0$$

$$\frac{\partial L}{\partial p_j} = x_j + \lambda\sigma(k + \tau^{1-\sigma}k^*)p_j^{-\sigma-1} = 0$$

解得 $p_j = \dfrac{w_L a_m + th}{1 - 1/\sigma}$。

可以看出，产品价格与产品种类无关。也就是说，所有种类的产品价格都是一样的，这样就可以把下标 j 去掉，则产品价格为：

$$p = \frac{w_L a_m + th}{1 - 1/\sigma} \tag{7.8}$$

同理，S 地区企业生产在 S 地区销售的工业品的价格为：

$$\bar{p} = \frac{w_L a_m + \bar{t}h}{1 - 1/\sigma} \tag{7.9}$$

（3）企业利润函数

考虑一个 N 地区企业，该企业在 N 地区市场的销售量为 c，销售价格为 p；在 S 地区市场的销售量为 c^*，销售价格为 $p^* = \tau p$。企业的总产出为 $x = c + \tau c^*$，那么企业的销售收入为 $pc + p^* c^* = p(c + \tau c^*) = px$。在垄断竞争情况下，企业获得零超额利润，因此，销售收入等于生产成本，即 $px = w + (w_L a_m + th)x$，又根据式（7.8），$p = \dfrac{w_L a_m + th}{1 - 1/\sigma}$，求得 $w = px/\sigma$。由于人力资本充当了资本的角色，经营利润就是人力资本的报酬，即 $w = \pi = px/\sigma$。

又 $c = \mu E \dfrac{p^{-\sigma}}{P_M^{1-\sigma}}$，$c^* = \mu E^* \dfrac{(p^*)^{-\sigma}}{(P_M^*)^{1-\sigma}} = \mu E^* \dfrac{(\tau p)^{-\sigma}}{(P_M^*)^{1-\sigma}}$，则 $px = \mu p^{1-\sigma}\left[\dfrac{E}{P_M^{1-\sigma}} + \dfrac{E^* \tau^{1-\sigma}}{(P_M^*)^{1-\sigma}}\right]$，因此，只需知道两个地区的工业品价格指数 P_M 和 P_M^*，代入即可求得人力资本报酬的表达式。

下面分别计算两区域的工业品价格指数：

$$P_M^{1-\sigma} = \int_0^{n^w} p^{1-\sigma}\mathrm{d}i = np^{1-\sigma} + n^*(\tau\bar{p})^{1-\sigma} = np^{1-\sigma} + n^*\left(\tau p \frac{w_L a_m + \bar{t}h}{w_L a_m + th}\right)^{1-\sigma}$$

$$= n^w p^{1-\sigma}[s_n + \varphi(1 - s_n)r] \quad (P_M^*)^{1-\sigma} = \int_0^{n^w} p^{1-\sigma}\mathrm{d}i = n(\tau p)^{1-\sigma} + n^*(\bar{p})^{1-\sigma}$$

$$= n(\tau p)^{1-\sigma} + n^*\left(p\frac{w_L a_m + \bar{t}h}{w_L a_m + th}\right)^{1-\sigma} = n^w p^{1-\sigma}[\varphi s_n + (1 - s_n)r]$$

其中，$\varphi=\tau^{1-\sigma}$ 表示贸易自由度，$s_n=n/n^w$ 表示 N 地区企业所占份额，$1-s_n=\frac{n^*}{n^w}$ 表示 S 地区企业所占份额，$r=(\frac{w_L a_m+\overline{th}}{w_L a_m+th})^{1-\sigma}$ 表示环境规制差异，环境规制通过作用于 r 来影响人力资本的报酬。

代入得人力资本报酬为：

$$
\begin{aligned}
w &= px/\sigma=\frac{\mu p^{1-\sigma}}{\sigma}[\frac{E}{P_M^{1-\sigma}}+\frac{E^*\tau^{1-\sigma}}{(P_M^*)^{1-\sigma}}] \\
&= \frac{\mu p^{1-\sigma}}{\sigma}\{\frac{E}{n^w p^{1-\sigma}[s_n+\varphi(1-s_n)r]}+\frac{E^*\tau^{1-\sigma}}{n^w p^{1-\sigma}[\varphi s_n+(1-s_n)r]}\} \\
&= \frac{\mu}{\sigma}\frac{E^w}{n^w}[\frac{s_E}{s_n+\varphi(1-s_n)r}+\varphi\frac{1-s_E}{\varphi s_n+(1-s_n)r}]
\end{aligned} \tag{7.10}
$$

其中，E^w 代表两地区的总支出，即 $E^w=E+E^*$，$s_E=E/E^w$ 表示 N 地区支出在总支出中所占比例，$1-s_E=E^*/E^w$ 表示 S 地区支出在总支出中所占比例。

令 $A=s_n+\varphi(1-s_n)r$，$A^*=\varphi s_n+(1-s_n)r$，$b=\frac{\mu}{\sigma}$，$B=\frac{s_E}{A}+\varphi\frac{1-s_E}{A^*}$，则 N 地区人力资本报酬可表示为：

$$w=bB\frac{E^w}{n^w} \tag{7.11}$$

（4）市场份额

用 $s_L=\frac{L}{L^w}$ 表示 N 地区工人占工人总数的比例，$s_H=\frac{H}{H^w}$ 表示 N 地区人力资本占总人力资本的份额。讨论 N 地区的总支出等于 N 地区的总收入，也就是 E 等于 N 地区工人的劳动收入加上企业家的收入，即可以表示为：

$$E=s_L w_L L^w+s_n n^w w=s_L w_L L^w+bBE^w s_n$$

同时 $s_n=s_H$，所以：

$$s_E=\frac{E}{E^w}=(1-b)s_L+bBs_H \tag{7.12}$$

假设工人数量在两地区是均匀分布的，即 $L=L^*$，则整理式（7.12）可得市场份额函数为：

$$s_E=\frac{(1-b)/2+b\varphi s_H/A^*}{1-bs_H/A+b\varphi s_H/A^*} \tag{7.13}$$

则当 $0 < s_E < 1$ 时，有 $\frac{\partial s_E}{\partial r} < 0$ 。

7.3.4　均衡分析

政府通过征收固定比例 t 的环境税对污染排放进行管制，t 的大小反映了绿色创新水平，t 越大代表绿色创新水平越高。在政府通过环境规制提高绿色创新水平的前提下，地区经济高质量转型发展往往是通过企业数量的增加或者企业产值规模的扩大来实现的，而在自由企业家的垄断竞争模型中，市场中任一企业的规模都相同，因此主要考虑企业数量变化这一特征。此外，人力资本所有者是逐利的理性体，其区际流动的动因是追求更高的收益。在 FE 模型中，每个企业的固定投入为一单位人力资本，因而人力资本的多少就等于企业数量的多少，人力资本的空间分布也就是工业企业的空间分布。区际企业数量的增多导致地区经济增长，而区域人力资本报酬上升意味着工业企业的集聚，所以，要研究绿色创新对转型发展的影响，即要研究环境规制对人力资本报酬的影响。

根据式（7.13）得出，当 $0 < s_H < 1$ 时，有 $\frac{\partial s_E}{\partial r} < 0$ ，即市场份额与环境规制差异呈负相关，当环境规制差异减小时，市场份额增加。由于环境规制差异 $r = (\frac{w_L a_m + \bar{t}h}{w_L a_m + th})^{1-\sigma}$ ，假设北部地区相对于南部地区实行更加严格的环境规制，即 t 增大，此时 $r < 1$ 且 r 减小，市场份额增大。也就是说，当环境规制增强，绿色创新水平提高时，市场份额会增加。

人力资本报酬 w 对市场份额 s_E 求导得：

$$\frac{\mathrm{d}w_H}{\mathrm{d}s_E} = \frac{2\mu r(1-\varphi^2)}{\sigma(1+\varphi r)(\varphi+r)}$$

假设此时贸易自由度 $0 \leqslant \varphi < 1$ ，则由上式可知 $\frac{\mathrm{d}w_H}{\mathrm{d}s_E} > 0$ ，即当市场份额增加时，企业收入会增加，进而使得人力资本报酬增加，区域内企业数量增多，经济转型实现快速发展。

综上，绿色创新水平提高将促进转型发展。

7.4 本章小结

(1) 无论基于城市内层面还是城市间层面，绿色创新对转型发展均具有促进作用。但是，绿色创新对经济转型发展的城市空间效应并非仅受到城市内直接传导以及城市间空间传导的积极影响，还会受到城市行为博弈的消极影响。而此时，城市绿色创新对转型发展可能具有抑制作用。绿色创新对经济转型发展在不同层面的影响效应还需通过现实的数据进行实证分析才能验证。

(2) 从地区间相互影响这一事实出发，通过将绿色创新和转型发展引入同一个分析框架，从而构建了绿色创新对转型发展的新经济地理学模型，试图更加准确地解释绿色创新对城市转型发展的影响。所构建的模型主要以空间的迪克西特-斯蒂格利茨模型为基础，通过借鉴 Ottaviano (1996)、Forslid 和 Ottaviano (1999)、乔彬 (2016) 等学者的研究思路，同时引入绿色创新和转型发展等因素，并依据空间经济学理论进行建模、分析。

(3) 理论模型表明，当市场份额增加时，企业收入会增加，进而使得人力资本报酬增加，区域内企业数量增多，经济转型实现快速发展。绿色创新有利于转型发展，但是效果究竟如何，仍有待后续的实证检验。

第8章　基于新兴古典经济学的绿色创新与转型发展的实证研究

在厘清分工、绿色创新和转型发展三者的关系之后，为进一步检验分工逻辑下绿色创新到底如何推动转型发展往高水平方向演进，本章通过构建门槛模型，利用省级行政区面板数据实证检验新兴古典经济学视角下绿色创新与转型发展的非线性关系。以转型发展（EDQ）作为被解释变量、绿色创新（GI）作为解释变量、分工水平（TE）作为门槛变量，并选取教育水平（EDUCATION）、环境规制（REGULATION）、开放程度（OPEN）、交通条件（TRAFFIC）等对转型发展具有重要影响的其他因素作为控制变量，从以下三个方面具体分析：首先，介绍变量测度与数据来源，进行变量描述性统计；其次，介绍门槛效应模型并利用相关数据进行门槛效应检验；最后，通过对解释变量和门槛变量均取滞后一期，重新在原门槛区间进行混合OLS方式稳健性检验。

8.1　变量测度及数据来源

8.1.1　变量说明

被解释变量：作为研究对象的变量，它的变动是解释变量作出的解释，表现为方程所描述的因果关系中的果。由于转型发展（EDQ）是一个多维度概念，用全要素生产率（TFP）等单一指标进行衡量显然过于片面，本书借鉴张士杰和饶亚会（2016）的组合评价体系构建思想，选取数量增长（全要素生产率、人均GDP增长率）、发展动力（非国有经济就业人数与国有经济就业人数比、实际GDP占就业总人数比重）、资源环境（万元GDP能耗、人均碳排放）、经济结构（第三产业增加值占GDP比重、高技术产业主营业务收入占规模以上工业企业主营业务收入比重）、社会发展（城乡收入比、失业率）五个层面的指标作为一级指标，对省级行政区转型指标体系进行了构建。每个一级指标下设立两个二级指标，由此构成较为完整的体系层面的指标（具体指标体系见表4.1）。运用主成分分析法（一种统计过程，它使用正交变换将一组可能相关的变量的观察值转换为一组称为主成分的线性不相关变量的值。如果有带 p 个变量的 n 个观测值，那么不同主成分的数量为 min（$n-1$，p）。这种变换以使得第一主成分具有最大可能的方差定义，即尽可能多地占数据中的可变性，并且在与前面的分量正交的约束下，每个后续分量又具有最大可能的方差）计算综合得分，并以此表征转型发展。

解释变量：按照一定的规律对模型中作为因变量的经济变量产生影响，并对因变量的变化原因做出解释或说明的变量。测度绿色创新（GI）较为常用的方法是DEA法，即数据包络分析法，其最初用来评价政府公共部门和非营利机构之间的经营效率，利用线性规划模型评估多个输入和输出单元的相对有效性。为避免传统DEA法的局限性，本书构建非角度、非径向的SBM-DEA模型来测度绿色创新，涉及投入、期望产出和非期望产出等三个指标变量。这种非角度、非径向的SBM-DEA模型在传统DEA模型上进行了改进，在线性规划的目标函数中加入了松弛变量，使得测量效率结果中包含了具有松弛变量的影响，从而很好地解决了存在松弛变量产出时的效率测量问题。根据彭文斌等（2019）的做法，选取规模以上企业R&D经费和人员全时当量作为投入，国内专利申请数和授权量作为期望产出，工业三废排放总量作为非期望产出（具体指标体系见表4.2）。

门槛变量：根据杨小凯的分工理论思想，分工水平（TE）的直接测度十分困难，但是因为分工演进取决于交易效率，两者具有高度相关性，因此可以用交易效率近似替代分工水平。考虑到当前移动信息技术对交易效率发挥着相当重要的作用，参考Roller和Waverman的做法，选用移动电话普及率作为交易效率的衡量指标。

控制变量：指那些除了解释变量以外的所有影响实验结果的变量，这些变量不是本实验所要研究的变量，所以又称无关变量、无关因子、非实验因素或非实验因子。选取以下影响转型发展的指标作为控制变量：教育水平（EDUCATION）可反映人们受教育的程度和对教育的投资程度，本章以高校毕业生人数衡量教育水平；环境规制（REGULATION）作为社会性规制的一项重要内容，是指由于环境污染具有外部不经济性，政府通过制定相应政策与措施对厂商等的经济活动进行调节，以达到保持环境和经济发展相协调的目标，具体包括工业污染防治和城市环境保护，本章以单位GDP地区工业污染治理投资总额衡量环境规制；开放程度（OPEN）为一国经济的对外开放程度，反映在对外交易的各个方面，通常，对外开放首先是从商品市场开始，即相对稳定的外贸进出口，它有名义开放度与实际开放度之分，是衡量一国经济对外开放规模和水平的重要指标，本章以单位GDP地区进出口总额度量开放程度；交通条件（TRAFFIC）是指某地区与外界进行人员来往和物质交流的方便程度，交通条件的好坏可用交通线路、交通工具和港站的设备状况来反映，也关系到项目建成投产后的产品能否及时运出发挥效益，本章以单位面积公路里程数表征。

8.1.2　数据来源

考虑到数据的可得性和连贯性，因为西藏、台湾、澳门、香港等地的数据缺失严重，故本书选取2000—2018年中国30个省（自治区、直辖市）的数据作为研究样本。所有数据均来自相应年份的《中国统计年鉴》《中国高技术产业统计年鉴》和各省统计年鉴，部分缺失值由插值法（拉丁文原意是“内部插入”，即在已知的函数表中，插入一些表中没有列出的、所需要的中间值）予以补充。考虑到面板数据的诸多优点，本书采用面板数据（即平行数据，是指多个不同截面在时间序列上的样本观测值的集合）来进行分析，与时间序列数据和截面数据相比，面板数据有其明显的优势和实用性。相对于时间序列数据，面板数据包括多个不同截面个体，提高样本容量的同时减少了变量之间的多重共线性；相对于截面数据，考虑变量的时间跨度可以观测截面的时间趋势。为缓解异方差问题，对非比值、非效率变量进行取对数处理。相关变量的描述性统计见表8.1。

表 8.1　变量描述性统计

变量	观测值	均值	标准差	最小值	最大值
EDQ	510	5.0065	0.2062	4.6052	5.6705
GI	510	0.1339	0.1757	0.0107	1.0000
TE	510	3.6491	0.9494	0.7467	5.2444
EDUCATION	510	11.4415	1.0926	7.6971	13.1405
REGULATION	510	4.3697	1.0639	0.3782	7.1757
OPEN	510	0.4282	0.7293	0.0477	9.5634
TRAFFIC	510	8.5222	0.8933	5.3362	9.9506

8.2　门槛效应检验

8.2.1　模型设定

“门槛效应”即指解释变量和被解释变量的关系不是线性的，而是非线性的，门槛变量的值在转折点上或下将影响解释变量对被解释变量的解释。采用门槛面板模型进行回归有两方面的好处：①方程无须先验性地设为非线性，只需要设定为线性形式进行回归，避免先验性错误；②分别参照渐进分布理论和“自由样”方法构建门槛参数置信区间和检验门槛值的显著性，参照“自由样”方法构建门槛值的显著性。

传统门槛条件的研究方法分为两种：分组检验和加入交叉项。分组检验方法指的是线性分割方法，即研究者依靠自主判断来确定门槛变量的区间和分离点，分别回归分析分组数据。这种研究方法的不足点在于，无法回归得到具体门槛值的置信区间，也不能检验事先确定门槛值的有效性和合理性。加入交叉项的研究方法指的是把相关变量与门槛变量的交叉项加入回归方程中，利用回归结果中交叉项系数的正负和交叉系数的显著情况进行分析，最终判断门槛变量的存在性或该变量的具体作用方向。即使通过交叉项的系数及其显著性可确定门槛变量是否确实存在影响，但这种方法仍有弊端：无法估计出门槛具体值，更不可能进行门槛值的显著性检验。

根据理论框架分析所得出的分工水平下绿色创新对经济转型发展可能存在非

线性影响的结论，借助 stata15 软件，选取非线性效应研究常用方法——Hansen（1999）创建和发展的面板门槛模型。该模型能够反映解释变量和被解释变量间的非线性关系，无须研究者事先给定预期的线性方程形式，能够通过捕捉经济变量变化中的门槛效应，内生地确定门槛数量，并按照门槛值划分为相应的区间，同时得出每个区间不同的关系式。该模型弥补了传统研究门槛条件方法的不足，不仅能够准确得到门槛值，而且还能够根据得出的门槛值对门槛变量、控制变量分别进行显著性检验。

Hansen 构建的面板数据门槛模型的基本形式为：

$$y_{it} = \gamma_1 x_{it} I(q_{it} \leqslant \tau) + \gamma_2 x_{it} I(q_{it} \geqslant \tau) + u_i i + e_{it} \tag{8.1}$$

在公式（8.1）中，x_{it} 为核心解释变量，q_{it} 为门槛变量，τ 为门槛值，$I = (\cdot)$ 为指示函数。令虚拟变量 $I_{it}(\gamma) = \{q_{it} \leqslant \tau\}$，当 $q_{it} \leqslant \tau$ 时，$I = 1$，否则 $I = 0$。γ_1、γ_2 分别为门槛变量在 $q_{it} \leqslant \tau$ 和 $q_{it} > \tau$ 时解释变量对被解释变量的影响系数。实际上，该模型相当于一个分段函数模型，当 $q_{it} \leqslant \tau$ 时，x_{it} 的系数为 γ_1；当 $q_{it} > \tau$ 时，x_{it} 的系数为 γ_2。其形式可以表示为：

$$y_{it} = \begin{cases} \gamma_1 x_{it} + u_{it} + e_{it}, & q_{it} \leqslant \tau \\ \gamma_2 x_{it} + u_{it} + e_{it}, & q_{it} > \tau \end{cases} \tag{8.2}$$

根据 Hansen（1999）提出的门槛回归理论，如果给定门槛模型中的门槛值 τ，我们就可以求出模型中的系数估计值，从而得到模型的残差平方和，如式（8.3）：

$$S_1(\tau) = \hat{e}_t(\tau)' \hat{e}_t(\tau) \tag{8.3}$$

而且模型中给定的门槛值 τ 越接近真实的门槛水平，则回归模型的残差平方和 $S_1(\tau)$ 将越小。因此，可以连续给出模型的门槛值 τ，通过观察模型残差的变化情况，使得残差平方和最小的门槛值 τ 即为我们所要求的真实门槛值，也即最优门槛值，如式（8.4）：

$$\hat{\tau} = \operatorname{argmin} S_1(\tau) \tag{8.4}$$

在确定门槛值后，继而对以门槛值前后为划分点的两组样本的估计参数的显著性进行检验。γ_1 为未跨过门槛值的模型估计参数，γ_{12} 为跨过门槛值的模型估计参数，门槛回归模型的基本假设为式（8.5）：

$$F = n\frac{S_0 - S_n(\hat{\gamma})}{S_n(\hat{\gamma})} \tag{8.5}$$

在 LM 统计量方程中，S_0 为零假设条件下的残差平方和，S_n 为门槛值条件下的残差平方和。但在零假设条件下 $\hat{\gamma}$ 无法识别，传统检验统计量的大样本分布不再服从卡方分布，因此，在门槛模型中往往通过统计量本身的大样本分布函数，以“自举法”检验（Bootstrap）来得到大样本的 P 值，并根据 P 值的大小在相应的显著性水平上决定是否可以拒绝零假设。拒绝零假设就意味着门槛值的存在，存在门槛效应。当确定一个门槛值后，还可以进行第二个及更多的门槛值检验，直到不能拒绝零假设为止。

根据研究目标，以经济转型发展作为被解释变量，以绿色创新作为解释变量，同时将教育水平（EDUCATION）、环境规制（REGULATION）、开放程度（OPEN）、交通条件（TRAFFIC）等作为控制变量，构造基准面板模型：

$$\text{EDQ}_{\text{it}} = \alpha + \lambda_1 \text{GI}_{it} + \delta X_{it} + \varepsilon_{it} \tag{8.6}$$

其中，i 表示省级行政区；t 表示年份；被解释变量 EDQ 表示经济转型发展指数；解释变量 GI 表示绿色创新；X 表示一系列控制变量，即其他影响经济转型发展的因素；ε 是随机干扰项。为了最大程度地考察绿色创新对经济转型发展的影响。参照 Hansen 的方法，设定面板门槛模型如下：

$$\text{EDQ}_{\text{it}} = \alpha + \lambda_1 \text{GI}_{it} I(\text{TE}_{it} \leqslant \eta) + \lambda_2 \text{GI}_{it} I(\text{TE}_{it} > \eta) + \delta X_{it} + \varepsilon_{it} \tag{8.7}$$

其中，GI_{it} 是门槛变量；η 是门槛值。以模型（8.7）为例，对上述单门槛模型释义如下：当参数估计值显著时，表明绿色创新对经济转型发展的影响存在门槛效应，即其影响是非线性的；当参数估计值不显著时，表明绿色创新对经济转型发展的影响不存在门槛效应。

考虑到可能存在多门槛情形，进一步设定双门槛模型如下：

$$\begin{aligned}\text{EDQ}_{it} = {} & \alpha + \lambda_1 \text{GI}_{it} I(\text{TE}_{it} \leqslant \eta) + \lambda_2 \text{GI}_{it} I(\eta_1 \leqslant \text{TE}_{it} \leqslant \eta_2) + \\ & \lambda_3 \text{GI}_{it} I(\text{TE}_{it} \geqslant \eta_2) + \delta X_{it} + \varepsilon_{it}\end{aligned} \tag{8.8}$$

在实际分析中有可能存在多重门槛效应，因此基于上述假定，在不确定门槛值个数的情况下构建分工水平门槛下绿色创新对经济转型发展的多门槛模型如式（8.9）所示：

$$\mathrm{EDQ}_{it} = \alpha + \lambda_1 \mathrm{GI}_{it} I(\mathrm{TE}_{it} < \eta_1) + \lambda_2 \mathrm{GI}_{it} I(\eta_1 < \mathrm{TE}_{it} < \eta_2) + \cdots + \beta_n \mathrm{GI}_{it} I(\mathrm{TE}_{it} < \eta_n) + \delta X_{it} + \varepsilon_{it} \tag{8.9}$$

其中，EDQ_{it} 为被解释变量经济转型发展指数；GI_{it} 为解释变量绿色创新；TE_{it} 是门槛变量分工水平；X_{it} 为控制变量，具体包括教育水平（EDUCATION）、环境规制（REGULATION）、开放程度（OPEN）、交通条件（TRAFFIC）等；$I(\cdot)$ 为示性函数；γ 表示本书所选取的门槛变量的门槛值；ε_{it} 为随机干扰项；η 、α 、λ 为参数向量。

8.2.2　模型检验

首先需要考察门槛存在与否，即进行门槛存在性检验，这在实证应用中具有重要意义。然而，因在不存在门槛的原假设下，门槛效应不能识别，即存在 Davies 问题，使得门槛存在性检验是非标准检验，这成为一个难点。Hansen（1996）针对此问题使用了 Bootstrap 方法。本书采用 Bootstrap 方法在单一门槛、双重门槛以及三重门槛的假设下进行门槛效应检验，得到三种假设下的 F 值和 P 值，并确定了门槛的个数和门槛值。表 8.2 给出了在 Bootstrap 自抽样 1000 次情况下得到的检验结果，发现分工水平的单一门槛和双重门槛在 1%、5% 和 10% 三种显著水平下均显著，均通过了检验，其 F 值分别为 51.84 和 28.76，自抽样 P 值分别为 0.0640 和 0.0370。而三重门槛未通过检验，F 值为 18.66，远低于 10% 的临界值水平。这说明在不同的分工水平下，绿色创新对转型发展的影响系数存在明显变化，下面基于双重门槛进行分析。

表 8.3 的门槛值估计结果表明，分工水平的两个门槛值分别为 1.4586 和 2.2721，据此可以将分工水平划分为三个区间：低等分工水平（TE≤1.4586）、中等分工水平（1.4586<TE≤2.2721）和高等分工水平（TE>2.2721）。

表 8.2　门槛存在性检验

门槛变量	门槛类型	F 值	P 值	Bootstrap 次数	临界值		
					10%	5%	1%
TE	单一门槛	51.84*	0.0640	1000	49.1626	53.1256	60.8426
	双重门槛	28.76**	0.0370	1000	24.5087	27.6886	33.4616
	三重门槛	18.66	0.9990	1000	80.0278	89.5102	103.2939

注：***、**、* 分别表示在 1%、5%、10% 水平上显著。下表同。

表 8.3 门槛值估计结果

门槛变量	门槛类型	门槛估计值	95%置信区间	
			下限	上限
TE	单一门槛	1.4586	1.4206	1.5041
	双重门槛	2.2721	2.1630	2.2824

进一步，在三个门槛区间基础上，估计不同门槛区间内绿色创新对转型发展的效用。从表 8.4 的面板门槛估计结果不难看出，在低等、中等和高等分工水平区间，绿色创新至少通过了 10%的显著性水平检验，说明绿色创新确实显著影响转型发展。但仔细分析可以发现，在三个区间内绿色创新对转型发展的促进作用有明显变化：

在模型（1）（低等分工水平）中，绿色创新对转型发展的影响系数为 0.1841，且符号为正，即分工初期绿色创新系数每增加 1 个百分点，转型发展提高 0.1841%。

在模型（2）（中等分工水平）中，绿色创新对转型发展的影响系数为 0.1570，虽然对转型发展仍具有促进作用，但作用效果有所下降。可能是因为分工深化使得企业需要谋求转型升级，但由于分工尚不完全，使得企业需要在多个领域进行拓展，企业负担加重，进而挤出绿色创新领域的研发投资，对转型发展的改善效果减弱。

在模型（3）（高等分工水平）中，绿色创新的影响系数变为正的 0.2264，远高于模型（1）与模型（2）中的影响系数，促进作用更加显著，通过了 1%显著性水平检验，一个合理的解释是当分工水平上升到一定程度时，组织化、专业化使得生产经验加速积累，且企业有更多要素投入到绿色创新技术、设备的研发当中，既能帮助企业发挥自身的先发优势占据有利市场地位，也有利于经济绩效和环境绩效的协调改善，因此，绿色创新对转型发展提升效果更明显。

绿色创新对转型发展促进作用的变化可以反映两层意思：一方面，改善绿色创新水平，可以显著提高转型发展水平。由于转型发展除了受绿色创新的影响，还受到其他各种外界因素的干扰，所以绿色创新对转型发展的贡献率存在阈值。另一方面，受分工发展的影响，绿色创新对转型发展发挥作用并非单一线性的，而是随着分工水平的高低表现出分段特征。在低等分工水平区间绿色创新的促进作用较高，达到中等分工水平区间时促进作用减弱，达到高等分工水平区间时促进作用最强且最为显著。此外，在三个区间内，分工水平本身对经济发展的影响系数分别为－0.3004、0.1085 和 0.0914，且均在 1%水平上显著，意味着低等分工水平会阻碍转型发展的提高。教育水平在三个区间的估计系数均为正，说明教育带来的人力资本是经济转型发展过程中必不可少的要素。环境规制的估计系数均未通过显著性检验，说明其对转型发展的影响不明显。交通条件和开放程度系数为负，均不利于转型发展，可能是因为两者的改善会加大绿色创新知识、技术外溢的风险，导致企业通过削减技术交流次数等措施以加强本企业知识产权保护，使得社会总体知识存量增速放缓，反而阻碍了转型发展的提高。

表 8.4　面板门槛模型估计结果

变量	模型（1）	模型（2）	模型（3）
	TE≤1.4586	1.4586<TE≤2.2721	TE>2.2721
	EDQ	EDQ	EDQ
TE	－0.3004*** (0.0487)	0.1085*** (0.0310)	0.0914*** (0.0157)
GI	0.1841** (0.0819)	0.1570* (0.0840)	0.2264*** (0.0835)
EDUCATION	0.0823** (0.0349)	0.0409 (0.0417)	0.0073 (0.0408)
REGULATION	0.0255 (0.0235)	－0.0096 (0.0252)	0.0003 (0.0237)
OPEN	－0.0074 (0.0176)	－0.0066 (0.0181)	－0.0041 (0.0177)
TRAFFIC	－0.1802*** (0.0460)	－0.1996*** (0.0484)	－0.1879*** (0.0464)
常数项	5.4781*** (0.3145)	5.8683*** (0.4073)	6.3440*** (0.3874)
样本容量	510	510	510
省域	30	30	30
R-square	0.1414	0.0958	0.1343

注：括号内为标准误差。下表同。

8.3 稳健性检验

稳健性检验考察的是评价方法和指标解释能力的强壮性，也就是当改变某些参数时，评价方法和指标是否仍然对评价结果保持一个比较一致、稳定的解释。通俗讲，就是改变某个特定的参数，进行重复的实验，来观察实证结果是否随着参数设定的改变而发生变化，如果改变参数设定以后，发现符号和显著性发生了改变，说明不是稳健性的，需要寻找问题所在。为进一步考察模型估计的稳健性和缓解变量间的双向因果关系，对解释变量和门槛变量均取滞后一期，重新在原门槛区间进行混合 OLS 稳健性检验。从表 8.5 的检验结果可以看出，模型（4）、模型（5）和模型（6）中滞后一期的分工水平与绿色创新的估计系数相较于原模型的估计结果未发生较大变化，且系数符号也未发生转变，可以认为原模型的回归结果是稳健的，支持了所得结论的合理性。

表 8.5 门槛模型稳健性检验

变量	模型（4） TE≤1.4586 EDQ	模型（5） 1.4586<TE≤2.2721 EDQ	模型（6） TE>2.2721 EDQ
L. TE	−0.0867** (0.0440)	0.0098 (0.0212)	0.0079 (0.0115)
L. GI	0.2101*** (0.0682)	0.2094*** (0.0690)	0.2150*** (0.0709)
控制变量	控制		
Wald 值	14.03	10.70	10.54
R-square	0.0335	0.0221	0.0217

8.4 本章小结

（1）改善绿色创新水平，可以显著提高转型发展水平。由于转型发展除了受绿色创新的影响，还受到其他各种外界因素的干扰，所以绿色创新对转型发展的贡献率存在阈值。

（2）以经济转型发展（EDQ）作为被解释变量、绿色创新（GI）作为解释变量、分工水平（TE）作为门槛变量，并选取教育水平（EDUCATION）、环境规制（REGULATION）、开放程度（OPEN）、交通条件（TRAFFIC）等对转型发展具有重要影响的其他因素作为控制变量，通过构建门槛模型，利用省级行政区面板数据实证检验了新兴古典经济学视角下绿色创新对经济转型发展的影响。结果表明，分工水平的单一门槛和双重门槛在 1%、5%和 10%三种显著水平下均显著，均通过了检验。

（3）受分工发展的影响，绿色创新对转型发展发挥作用并非单一线性的，而是随着分工水平的高低表现出分段特征。在低等分工水平区间绿色创新的促进作用较高，达到中等分工水平区间时促进作用减弱，当达到高等分工水平区间时促进作用最强且最为显著。

第9章 基于新经济地理学的绿色创新与转型发展的实证研究

在厘清新经济地理学视角下绿色创新和转型发展的关系之后，为进一步检验新经济地理学视角下绿色创新到底如何推动转型发展往高水平方向演进，本章以转型发展（EDQ）作为被解释变量，绿色创新（GI）作为解释变量，并选取政府干预（GOV）、金融发展（FD）、人口密度（PD）、创新投入（TE）、环境规制（ER）、开放程度（OPEN）等对转型发展具有重要影响的其他因素作为控制变量。主要包括三大部分内容：第一部分主要介绍空间计量模型，并构建了城市绿色创新对经济转型发展的SDM；第二部分介绍了城市层面指标选取与数据来源；第三部分是空间效应结果分析，利用城市面板数据实证检验新经济地理学视角下绿色创新对经济转型发展的影响。

9.1 模型设定

空间计量模型被广泛用于与空间效应有关的研究，空间效应包括空间相关性（依赖性）和空间异质性，通常这两类空间效应是同时存在的，这对忽略空间效应的传统计量研究方法形成了挑战，因而，当涉及此类问题时，需要引入新的计量模型来解决。在Zellner（1962）提出的似不相关模型的基础上，Fik（1988）将空间效应加入似不相关模型，这标志着空间计量模型的开端。在经济领域应用最广泛的是Cliff和Ord（1973）提出的空间滞后模型（SAR），至此空间计量模型得到跨越式发展。Anselin（1988）在充分整合前期研究的基础上，开始了空间计量模型从“一般”到“特殊”的顶层设计。他首先设定包含因变量的空间滞后、自变量的空间滞后、误差的空间滞后的广义嵌套式空间模型（GNS 模型），之后不断增加限制条件，逐渐演变为考虑自变量空间滞后与误差滞后的广义空间自回归（SAC）、考虑因变量空间滞后项的空间滞后模型（SLM）、考虑空间误差滞后的空间误差模型（SEM）、考虑空间因变量滞后与自变量滞后的空间杜宾模型（SDM）、考虑自变量滞后项与误差滞后项的空间杜宾误差模型（SDEM）等。相对于传统面板数据模型，空间计量模型最大的特征是考虑了空间交互效应。Elhorst（2014）将空间面板的三种不同的空间交互效应阐述为因变量之间的内生性交互效应、自变量与因变量之间的外生性交互效应、误差项之间的交互效应，分别对应于经典空间模型中空间滞后回归模型（SAR）、空间误差模型（SEM）、空间杜宾模型（SDM）。若两两结合，则均可以在空间计量模型的基本模型体系中找到与之对应的形式。

由前文分析可知，理论与实践均已证明绿色创新存在显著的空间溢出效应，因此对于绿色创新的相关研究不能忽视空间效应的存在，否则会导致估计结果存在误差。传统普通 OLS 估计仅能从城市内部层面探究绿色创新对转型发展的影响关系，要想深入分析绿色创新对转型发展的城市空间效应，需要借助空间计量模型及方法。空间计量模型从一般计量模型中扩展而来，在一般计量模型中可以通过空间滞后变量加入空间效应，空间滞后变量能够以因变量、解释变量和误差项的形式表现出来。根据空间作用机制的不同，目前来说，空间计量模型主要有空间滞后归模型（SAR）、空间误差模型（SEM）和空间杜宾模型（SDM）三种。空间滞后归模型（SAR）是指在传统回归模型中加入了被解释变量的空间滞后项来作为空间因素放入模型中，主要用于研究相邻机构或地区的行为对整个系统内其他机构或地区的行为都有影响的情形。空间误差模型（SEM）主要指通过加入误差项的滞后项来作为空间因素放入模型中，空间个体之间的相互作用通过误差项中的空间相关来体现，当空间个体之间的相互作用因所处的相对位置不同而存在差异时，一般采用这种模型。而空间杜宾模型（SDM）不仅考虑了本地解释变量对被解释变量的影响，还将相邻区域变量带来的影响加入模型中，该模型的结构与时间序列模型中处理自相关相类似。由于空间杜宾模型考虑了空间滞后的解释变量和被解释变量对被解释变量的共同影响，是空间滞后模型及空间误差模型的一般形式，作为唯一能得到无偏系数估计的模型，能够更好地估计不同观测个体产生的溢出效应和基于面板数据测算空间溢出效应。一般而言，SDM 与 SEM 往往同时存在，而且在一定情况下，SDM 与 SAR、SEM 可以相互转换。因此，SDM 常被当作最一般的空间计量模型。SDM 的一般表达式为：

$$y_{it} = \rho\sum_{j=1}^{n} w_{ij}\, y_{it} + x_{it}\beta + \sum_{j=1}^{n} x_{jt}\theta + \mu_i + \lambda_t + \varepsilon_{it} \tag{9.1}$$

在（9.1）式中，当 $\theta = 0$ 时空间杜宾模型会退化为 SAR，当 $\theta + \rho\beta = 0$ 时 SDM 会退化为 SEM。基于上述设定构建城市绿色创新对经济转型发展的 SDM 为：

$$\begin{aligned} EDQ_{it} &= \beta_1 \cdot GI_{it} + \beta_2 \cdot \ln X_{it} + \rho\sum_{j=1}^{n} w_{ij} \cdot EDQ_{it} + \\ &\alpha_1 \sum_{j=1}^{n} w_{ij} \cdot GI_{jt} + \alpha_2 \sum_{j=1}^{n} w_{ij} \cdot \ln X_{jt} + \mu_i + \lambda_t + \varepsilon_{it} \end{aligned} \tag{9.2}$$

在（9.2）式中，ρ 表示被解释变量经济转型发展的空间溢出系数，n 为所研究样本个数，i、j 分别表示第 i、j 个城市，x_{it} 表示本地区的控制变量，x_{jt} 表示邻近城市的控制变量，w_{ij} 为经济空间权重矩阵。对于空间经济权重矩阵的构建，本书借鉴邵帅（2016）等的研究，采用地理距离进行设计。其具体方法是，根据各城市的经纬度坐标，按地理球面距离来计算两城市间的地理距离，将得到的地理距离分别放入权重矩阵中相应位置即可得到所需要的空间权重矩阵。β_i 与 α_i 表示相关变量对经济转型发展的线性相关系数与空间溢出系数，μ_i 与 λ_t 分别表示空间固定效应与时间固定效应，ε_{it} 表示随机干扰项。

9.2 指标选取与数据来源

9.2.1 指标设定

被解释变量：转型发展（EDQ）。不同于传统经济增长片面追求经济“量”的增加，经济转型发展在考虑经济“量”的增长的基础上更重视“质”的发展，因此，度量转型发展必须综合考量。具体而言，本书将绿色创新看作是激发经济转型发展的基础动力，从经济规模、经济结构、经济效率、经济福利四个维度来描述转型发展的内涵（具体指标体系见表 4.3）。

解释变量：绿色创新（GI）。绿色创新水平的测度一直是个热点问题，目前学者们采取的主要方式有三种。一是采用单一指标对绿色创新水平进行衡量，如环境政策、绿色专利数、有毒气体排放量等；二是利用熵权法或主成分分析法等数理统计方法，选取多维度多指标测算绿色创新综合指数来评价绿色创新水平；三是基于投入产出视角，依据数据包络分析方法（DEA）的基本思想，通过选取不同投入产出变量测算绿色创新效率来衡量绿色创新水平。经过长期摸索，目前广泛倾向于采用以非径向、非角度的 DEA 进行分析，在考虑非期望产出的基础上有效避免松弛型等问题，计算得到的结果能够较为准确地反映绿色创新水平。本书基于 SBM-DEA 模型对绿色创新水平进行测算。其中，绿色创新变量投入、产出组成部分的指标选取借鉴彭文斌等的做法（具体指标体系见表 4.4），利用 DEA-SOLVER-Pro5.0 软件进行测算得到绿色创新水平的度量值。

控制变量：在参考现有相关文献的基础上，选取政府干预、金融发展、人口密度、创新投入、环境规制、开放程度等作为本书的控制变量。政府干预是影响转型发展的重要因素之一，采用固定资产投资占 GDP 比重来衡量，记为 GOV；金融发展作为资金支持，会通过优化资源配置和改善经济发展的投入要素对转型发展产生影响，采用年末金融机构贷款余额来衡量，记为 FD；人口是一把“双刃剑”，既可能为各城市带来充足的劳动力，也可能由于老龄化问题严重从而影响转型发展，由于各城市人口数目与区域面积有较大差异，采用单位面积人口数来表示人口密度，记为 PD；创新投入，采用公共财政支出中科技支出来表示，记为 TE；环境规制，采用城市居民人均可支配收入来表示，记为 ER；开放程度，采用外商直接投资所占 GDP 比值来表示，记为 OPEN。

9.2.2　数据来源

鉴于数据可得性，选取了中国大陆 270 个城市 2000－2018 年指标数据集，数据来源于各年份《中国城市统计年鉴》、CSMAR 经济金融研究数据库、各城市统计年鉴以及统计公报，部分缺失指标采用插值法进行填补。为统一货币单位，采用人民币兑换美元平均汇率将外商直接投资金额换算为人民币；同时，为消除价格波动带来的影响，所有价格变量均以 2000 年为基期利用 GDP 平减指数进行不变价处理。为缓解异方差与多重共线性等问题，对所有控制变量均进行对数化处理。

9.3 实证检验与结果分析

9.3.1 相关性检验

（1）全局空间自相关检验

全局空间自相关检验是基于样本总体对所研究变量的空间依赖性进行分析的一种手段，检验空间邻接或空间邻近的区域单元属性值空间相关性存在与否，使用的统计量有 Moran’s I、Geary’s C，Getis’ G 等，其中，空间依赖性程度一般采用全局莫兰指数 Moran’s I 来表征，Moran 指数 I 的取值一般为[－1,1]，大于 0 表示各单元间存在空间正相关，单元内的观察值有趋同趋势；小于 0 表示负相关，单元内的观察值有不同的趋势；等于 0 表示不相关，属于独立随机分布。

$$I=\frac{\sum_{i=1}^{n}\sum_{j=i}^{n}w_{ij}(x_i-\bar{x})(x_j-\bar{x})}{S^2\sum_{i=1}^{n}\sum_{j=1}^{n}w_{ij}} \tag{9.3}$$

在（9.3）式中，n 表示研究样本中城市数量；x_i 和 x_j 是城市 i 和城市 j 的样本观测值；$\bar{x}$ 与 S 分别为样本均值和方差；w_{ij} 是地理空间权重矩阵。莫兰指数值介于－1 到 1 之间，当其取值为负时，表示该变量在空间上呈负相关；当其取值为正时，表示该变量在空间上呈正相关；当其等于 0 时，表示不存在空间相关性。表 9.1 为采用 stata15.0 计算得到的城市绿色创新与经济转型发展全局空间自相关检验结果。表 9.1 显示，2005－2017 年绿色创新与经济转型发展的全局 Moran’s I 均为正，且在 1%水平上通过了检验，说明绿色创新与经济转型发展在空间上呈显著正相关，表明两者在空间上的分布并不是随机的，而是表现出一定的空间集聚特征，即绿色创新与转型发展水平较高的城市相互集聚，绿色创新与转型发展水平较低的城市相互集聚。进一步观察两者全局 Moran’s I 的时间演变趋势，可以发现，绿色创新的莫兰指数值自 2005 年至 2014 年间增长趋势明显，2015 年以来逐步下降，而经济转型发展的莫兰指数值一直呈波动发展趋势。

表 9.1　2005—2018 年城市绿色创新与转型发展全局 Moran's *I*

年份	绿色创新			转型发展		
	Moran's *I*	*Z* 值	*P* 值	Moran's *I*	*Z* 值	*P* 值
2005	0.017	3.960	0.000	0.043	9.068	0.000
2006	0.029	6.239	0.000	0.040	8.413	0.000
2007	0.020	4.837	0.000	0.043	8.998	0.000
2008	0.022	5.352	0.000	0.013	3.120	0.000
2009	0.055	11.895	0.000	0.045	9.352	0.000
2010	0.034	7.459	0.000	0.037	7.774	0.000
2011	0.030	6.571	0.000	0.057	11.473	0.000
2012	0.063	12.875	0.000	0.043	8.854	0.000
2013	0.079	15.978	0.000	0.044	8.994	0.000
2014	0.089	18.040	0.000	0.043	8.843	0.000
2015	0.087	17.422	0.000	0.044	9.116	0.000
2016	0.048	9.820	0.000	0.043	8.947	0.000
2017	0.047	9.612	0.000	0.044	9.045	0.000
2018	0.050	9.789	0.000	0.046	9.785	0.000

（2）局域空间自相关检验

全局自相关分析检验只能判断得出变量是否存在空间依赖性，用于从总体上反映变量间是否存在空间集聚现象，但却不能很好地反映具体的分布特征，局域空间自相关检验可用来识别因空间位置不同而导致的空间集聚特征，局部空间自相关同样具有 Moran's *I*、Geary's *C*、Getis' *G* 等指标，但常用局部 Moran's *I* 来衡量，Anselin 将其称为 LISA 散点图。LISA 散点图被用来揭示空间地域单元与其邻近空间单元属性特征值之间的相似性或相关性，也用于识别"热点区域"以及其数据的异质检验，因此，本书使用局域 Moran's *I* 的值来检验局域空间自相关，其计算公式如下：

$$I_i = \frac{\lambda_i}{s^2}\sum_{j=1}^{n} w_{ij}\lambda_j \tag{9.4}$$

在（9.4）式中，$\lambda_i = (x_i - \overline{x_i})$，$\lambda_j = (x_j - \overline{x_j})$，表示观测值与均值的差值，

w_{ij} 为地理空间权重矩阵。本书的局域空间自相关检验采用莫兰散点图进行表征。莫兰散点图将样本分为四个集聚区域，反映的是某城市的观测值与其空间滞后的相关关系，当该变量位于一、三象限时，表示该变量具有空间正相关性，表现为高—高（H—H）、低—低（L—L）的集聚特征；当该变量位于二、四象限时，表示该变量具有空间负相关性，表现出高—低（H—L）、低—高（L—H）的集聚特征。图 9.1 和图 9.2 为利用 stata15.0 绘制的绿色创新与经济转型发展三个代表性年份的莫兰散点图。从图中可以发现，大部分城市位于一、三象限，属于空间正自相关集聚区域，且对比不同年份易知，位于一、三象限内的城市有逐年递增趋势，易得城市绿色创新与转型发展具有显著空间正相关性，这也佐证了前文全局自相关检验得到的结论。

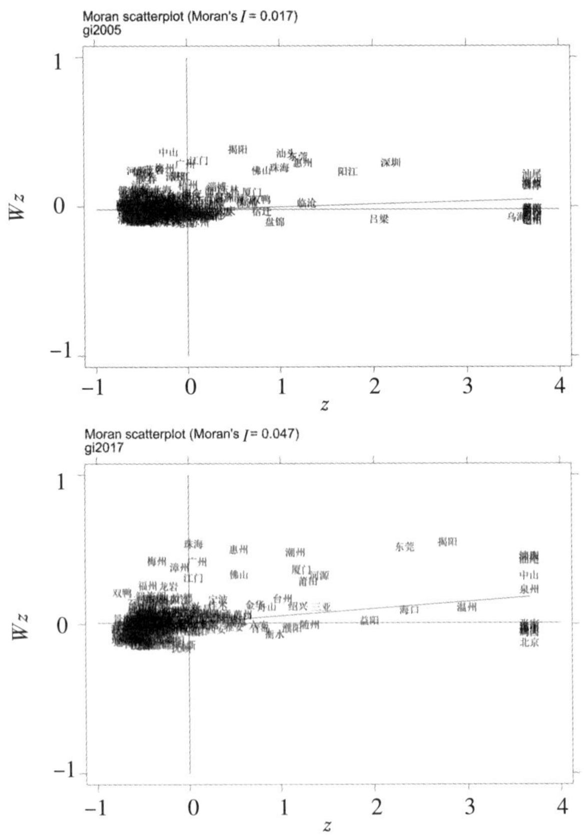

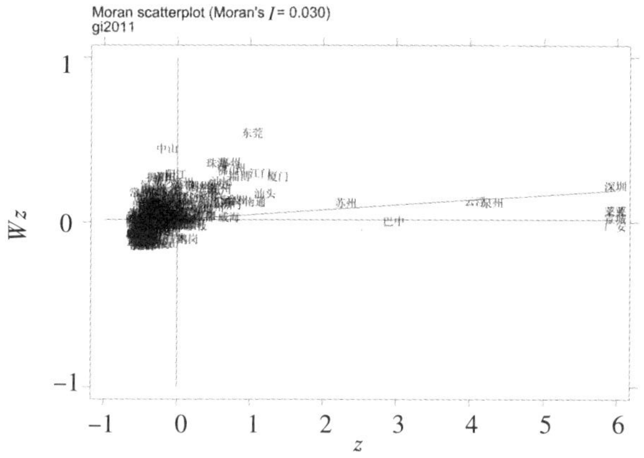

图 9.1　城市绿色创新 2005、2011、2018 年局域莫兰散点图

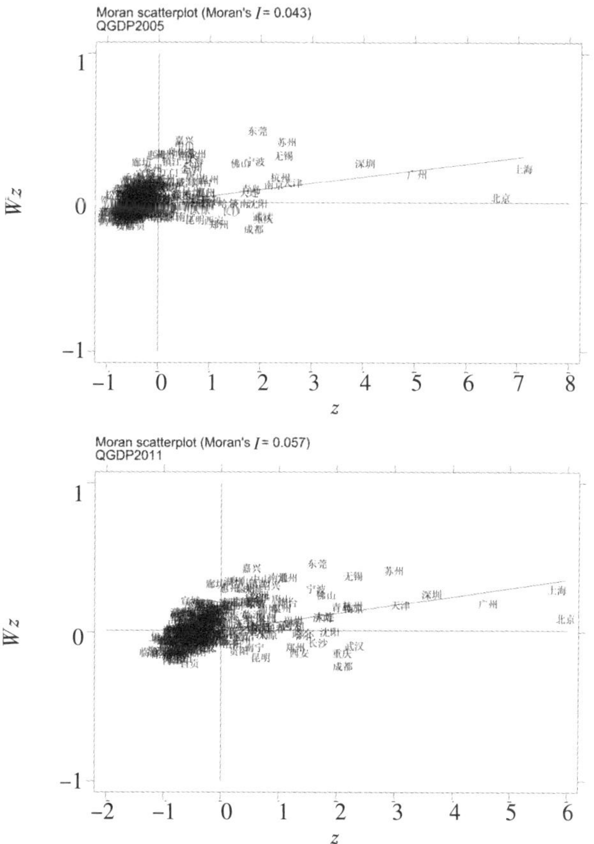

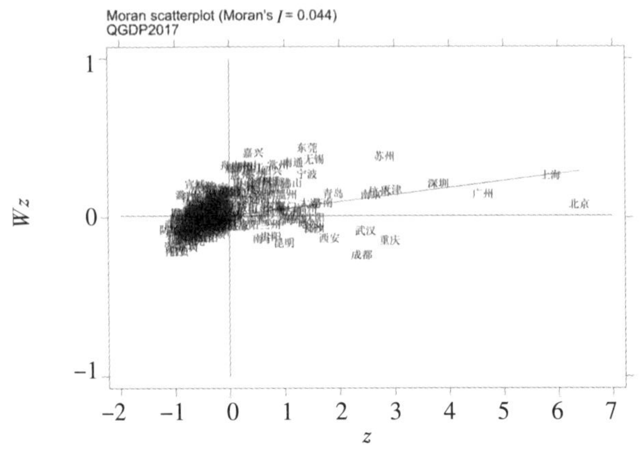

图 9.2 城市转型发展 2005、2011、2018 年局域莫兰散点图

9.3.2 空间效应检验

前文由空间自相关检验结果可得绿色创新与经济转型发展均存在空间集聚特征，因此需选择空间计量模型采用 MLE 估计方法进行估计检验。在使用空间计量模型进行估计检验之前，需对计量模型进行选择，其选择检验过程如下：首先，借鉴王为东等（2018）的做法，根据普通 OLS 估计的回归残差空间自相关性检验结果，LM lag、Robust-LM lag、LM error、Robust-LM error 检验显示了选用空间计量模型的有效性。其次，前文模型设定时介绍，当满足一定条件时，SDM 可能会退化成 SAR 或 SEM，因此需对空间杜宾模型的稳健性进行检验。本书借鉴徐东等的做法，采用瓦尔德（Wald）与似然比（LR）检验来进行说明。由表 9.2 中的 LR 检验与 Wald 检验结果可知，均在 1%的水平下拒绝了 SDM 会退化为 SEM 或 SAR 的假设，因此本书选择空间杜宾模型进行后续分析具有合理性。最后，利用 Hausman 检验采用固定效应还是随机效应，从表 9.2 给出的结果可知，Hausman 值为 599.09，在 1%的水平下显著，拒绝了随机效应优于固定效应的原假设，说明本书面板模型回归应采用固定效应进行。固定效应有时间固定、空间固定、时空双固定三种形式，通过对比三种固定效应下空间杜宾模型的回归结果与拟合优度，认为时间固定效应的估计结果最好，因此后续面板模型估计均基于时间固定效应进行。基于上述模型识别检验分析，最终选择带有时间固定效应的空间杜宾模型来分析绿色创新影响经济转型发展的城市空间效应。

与此同时，为方便对比分析，本书还给出了普通 OLS 估计、带有时间固定效应的 SAR 与 SEM 的估计结果（表 9.2）。首先，比较普通 OLS 估计与三种空间计量模型的 R^2 值。由于空间计量模型得出的 R^2 值与普通 OLS 估计得出的 R^2 值的内涵不同，一般认为它们之间不存在可比性，但 Elhorst 认为，若将固定效应加入模型中，两者的 R^2 值就存在可比性了。由表 9.2 中所给出的估计结果可知，三种计量模型的 R^2 值均较普通 OLS 估计的 R^2 值要大，说明使用空间计量模型会具有更好的拟合效果。其次，从各变量的影响系数来看，非空间面板模型的一些变量系数符号、大小与空间计量模型相比较存在较大差异，这是由于在估计过程中未考虑空间因素而导致估计结果存在偏差，也从侧面证明本书选择空间计量模型的正确性。最后，从三种空间计量模型得出的回归结果看，不论是 R^2 值还是 Log-likelihood 值都是 SDM 较高，因此 SDM 的拟合效果要优于 SEM 与 SAR，使用空间杜宾模型具有更好的估计效果，进一步说明了选用空间杜宾模型的正确性。从各变量的系数大小与符号来看，三种模型之间差别较小，且系数显著性都比较明显，使用空间计量模型进行分析是合理有效的。

分析表 9.2 中 SDM 给出的估计结果，由空间杜宾模型被解释变量经济转型发展的空间溢出系数 ρ 可知，空间溢出系数值在 1% 的水平下通过了检验，影响系数为 0.4041，经济转型发展水平每提升 1 个百分点，通过空间溢出的作用，导致其他城市经济转型发展水平会相应提升 0.4041 个百分点。经济转型发展表现出显著的正空间溢出效应，这与前文中空间自相关检验结果一致，经济转型发展水平不仅受到城市内各种因素的影响，同时还会受到城市间绿色创新、政府干预、环境规制等因素的空间溢出效应影响。也正是由于存在这种空间溢出效应，才能缩小各城市经济转型发展水平的差距，有利于各城市经济转型发展水平的共同提升。从 SDM 模型中各变量的城市空间效应系数看，绿色创新、金融发展、创新投入、环境规制、开放程度对经济转型发展的主效应影响系数均显著为正，而政府干预与人口密度对经济高质量主效应影响系数显著为负。从溢出效应系数来看，绿色创新、政府干预、金融发展、开放程度对经济转型发展的溢出效应影响系数为正，环境规制、创新投入与人口密度的空间溢出影响系数显著为负，而金融发展的影响系数却不显著。

表 9.2 城市空间效应估计结果

变量	OLS	SAR	SEM	SDM
GI	0.2558*** (0.0450)	0.3147*** (0.0416)	0.3026*** (0.0419)	0.3260*** (0.0428)
lnGOV	−0.4658*** (0.0189)	−0.2803*** (0.0191)	−0.2616*** (0.0196)	−0.2306*** (0.0216)
lnFD	0.5166*** (0.0111)	0.4398*** (0.1133)	0.4360*** (0.0115)	0.4108*** (0.0120)
lnPD	−0.0513*** (0.0093)	−0.0701*** (0.0084)	−0.0585*** (0.0092)	−0.0046 (0.0115)
lnTE	0.0307*** (0.0086)	0.0951*** (0.0096)	0.0999*** (0.0098)	0.1238*** (0.0102)
lnER	−0.4187*** (0.0258)	0.2156*** (0.0334)	0.2065*** (0.0330)	0.2739*** (0.0352)
lnOPEN	0.0789*** (0.0061)	0.0319*** (0.0059)	0.0264*** (0.0060)	0.0261*** (0.0065)
$W\times$GI				1.4054*** (0.5094)
$W\times$lnGOV				0.3168* (0.1749)
$W\times$lnFD				0.0683 (0.1347)
$W\times$lnPD				−0.4203*** (0.0713)
$W\times$lnTE				−0.3457*** (0.0822)
$W\times$lnER				−1.0204*** (0.3284)
$W\times$lnOPEN				0.1477*** (0.0465)
ρ		−0.2219*** (0.0835)	0.6256*** (0.0878)	0.4041*** (0.1181)
R^2	0.6853	0.7922	0.7892	0.7994
Log-likelihood	—	−1569.6619	−1557.6950	−1501.0776
时间效应	—	Yes	Yes	Yes

续表

N	3510	3510	3510	3510
LM test nospatial lag	4.741**			
Robust LM test nospatial lag	7.478***			
LM test nospatial error	0.096			
Robust LM test nospatial error	2.832*			
Wald test spatial lag	76.48***			
LR test spatial lag	137.17***			
Wald test spatial error	74.17***			
LR test spatial error	113.23***			
Hausman test	599.09***			

9.3.3　空间效应分解

由于存在反馈作用，SDM 的回归系数不能直接反映自变量对因变量所带来的影响作用。因此，本书借鉴 Lesage 和 Pace（2009）的研究，在基于时间固定效应的空间杜宾模型估计结果的基础上，将各种因素对经济转型发展的空间效应分解为直接效应、间接效应与总效应。这样，就可以利用直接效应、间接效应与总效应的系数，分别表示基于城市内、城市间与城市总体层面各因素对经济转型发展的影响效应。其中，直接效应系数反映某因素变量变动对本地区经济转型发展的影响效应，间接效应系数反映某因素变量变动对邻近城市经济转型发展产生的影响效应，而总效应影响系数反映某因素变量变动对城市总体经济转型发展产生的影响效应。使用 stata15.0 得出经济转型发展的空间杜宾模型效应分解结果如表 9.3 所示。从本书主要解释变量绿色创新的直接效应影响系数来看，基于城市内层面，绿色创新对经济转型发展在 1%的水平上具有显著促进作用，且绿色创新水平每提高 1 个百分点，促使本地区经济转型发展水平相应提升 0.3343 个百分点。绿色创新通过绿色发展与创新驱动协同促使“创新补偿效应”占优，从而对经济转型发展产生了显著促进作用。进一步将绿色创新的直接效应系数与绿色创新主效应系数进行比较，可见两者仅在大小上有细微差距，两者之间的差值即为邻近城市的反馈效应水平。这里的反馈效应是指本地区绿色创新对邻近城市经济转型发展造成影响后，邻近城市经济转型发展再反馈回来对本地区经济转型发展所带来的影响效应。由于数值较小，因此反馈效应一般不具有经济上的重要性。从间接效应影响系数来看，基于城市间层面，绿色创新对经济转型发展的影响在1%的显著性水平下显著为正，绿色创新每提高1个百分点，促使邻近城市经济转型发展相应提升2.6181个百分点。绿色创新基于网络效应与绿色创新技术高层次人才流动效应，不仅扩大了绿色创新隐性知识的溢出效应，还拓展了隐性知识的空间溢出渠道，使得企业在合理配置创新人才的基础上实现对绿色创新知识和技术的有效吸收，进一步提升自身绿色创新能力，从而对邻近城市经济转型发展具有显著促进作用。通过对比各因素变量间接效应的影响系数与表9.2中给出的溢出效应系数，易得两者的影响系数不仅大小上有较大的差别，且显著性情况相异，若将因素变量的溢出效应系数与间接效应系数等同将会得出错误的结论。从总效应系数来看，城市绿色创新对经济转型发展在1%的水平下具有显著促进作用，绿色创新每提高1个百分点，促使城市总体经济转型发展相应提升2.9524个百分点。从效应分解结果易得，绿色创新的间接效应系数远大于直接效应影响系数，绿色创新不仅对城市内部经济转型发展具有显著促进作用，而且通过溢出效应对城市间经济转型发展产生更强烈的促进作用，此时，由于城市间存在双向空间溢出效应，促使相邻城市都实行更好、更完善的绿色创新战略，从而能够更大程度地促进经济转型发展。因此，总体而言，绿色创新显著促进经济转型发展。

从各控制变量的效应分解结果来看，政府干预的直接效应系数在1%的显著性水平上显著为负，而间接效应与总效应系数均为正但并不显著。可能的原因是，尽管固定资产投资是影响经济增长规模的重要因素，但由于资本报酬递减规律的影响，会减低总体经济的投资效率，从而对经济转型发展具有抑制作用。金融发展、开放程度的直接效应、间接效应与总效应系数均在10%的水平下显著为正，说明随着金融行业不断发展和对外开放程度提升，有助于改善经济效率和经济规模扩张，从而提升城市经济转型发展水平。人口密度的直接效应、间接效应以及总效应系数均在1%的水平下显著为负，可能的原因是，随着我国人口老龄化问题日趋严重，“人口红利”逐渐消失，人口密度的增加会增加人民生活压力，造成城市交通拥挤、失业率增加等现象，从而对城市内部、城市间经济转型发展均产生了显著抑制作用。创新投入与环境规制的直接效应系数均在1%的水平下显著为正，但间接效应系数与总效应系数均在 1%的显著性水平上显著为负。原因是随着城市内部创新投入的不断提高，会导致其自身的创新活动更加活跃，高质量创新要素更加集中。与此同时，其他城市将面临创新要素流失，缺乏创新活动的积极性，从而导致其对城市间与城市总体经济转型发展产生了显著抑制作用。随着环境规制强度的提升，会促使企业增加研发投入以及绿色技术的开发力度，减少污染排放，从而对城市内部经济转型发展具有促进作用。但由于城市内部环境规制强度过高，一些污染型企业为躲避规制转移到其他规制强度较低的城市，从而使得环境规制对其他城市以及城市总体的经济转型发展水平均存在显著抑制作用。

表 9.3　城市空间效应分解结果

变量	直接效应	间接效应	总效应
GI	0.3343*** (0.0436)	2.6181*** (1.0138)	2.9524*** (1.0120)
lnGOV	−0.2304*** (0.0206)	0.4112 (0.3120)	0.1808 (0.3068)
lnFD	0.4130** (0.0115)	0.3967* (0.2270)	0.8097*** (0.2269)
lnPD	−0.0070*** (0.0108)	−0.7269*** (0.1784)	−0.7339*** (0.1752)
lnTE	0.1218*** (0.0097)	−0.5040*** (0.1827)	−0.3821*** (0.1820)
lnER	0.2703*** (0.0347)	−1.5912** (0.6588)	−1.3209** (0.6553)
lnOPEN	0.0267*** (0.0066)	0.2772*** (0.1022)	0.3039*** (0.1009)

9.4　本章小结

（1）以转型发展（EDQ）作为被解释变量、绿色创新（GI）作为解释变量，并选取政府干预、金融发展、人口密度、创新投入、环境规制、开放程度等对转型发展具有重要影响的其他因素作为控制变量，通过构建空间杜宾计量模型，利用中国大陆 270 个城市面板数据实证检验了新经济地理学视角下绿色创新对经济转型发展的影响。

(2) 通过全局空间自相关检验发现，绿色创新与经济转型发展在空间上呈显著正相关，表明两者在空间上的分布并不是随机的，而是表现出一定的空间集聚特征，即绿色创新与转型发展水平较高的城市相互集聚，绿色创新与转型发展水平较低的城市相互集聚。

(3) 通过局域空间自相关检验发现，大部分城市均位于局域莫兰散点图一、三象限（属于空间正自相关集聚区域），且对比不同年份易知，位于一、三象限内的城市有逐年递增趋势，易得城市绿色创新与经济转型发展具有显著空间正相关性，这也佐证了前文全局自相关检验得到的结论。

(4) 从 SDM 模型中各变量的城市空间效应系数看，绿色创新、金融发展、创新投入、环境规制、开放程度对经济转型发展的主效应影响系数均显著为正，而政府干预与人口密度对经济高质量主效应影响系数显著为负。从溢出效应系数来看，绿色创新、政府干预、金融发展、开放程度对经济转型发展的溢出效应影响系数为正，环境规制、创新投入与人口密度的空间溢出影响系数显著为负，而金融发展的影响系数却不显著。

第 10 章　结论与政策建议

绿色创新因兼具绿色发展与创新驱动的双重属性，是实现环境效益、经济效应和社会效益多赢的基本途径，在当今社会大变局情形下研究绿色创新与转型发展的关系具有重大的理论意义与现实意义。本书以绿色创新为切入点，基于十九大报告提出的经济转型发展理念作为转型发展的主要替代变量，分别从省级行政区与城市层面测度了绿色创新水平与转型发展水平指数。首先，以新兴古典理论为基础，探讨绿色创新影响中国经济转型发展的内在机理，深入阐述了从分工演进到绿色创新最后到转型发展的逻辑链条，并利用中国 30 个省（自治区、直辖市）的面板数据对分工水平下绿色创新影响转型发展的影响效应进行了门槛效应检验，从实证上检验了绿色创新对转型发展的省级行政区门槛效应。其次，以新经济地理学理论为基础，从城市内、城市间和城市总体三个层面剖析了绿色创新影响转型发展的传导机制，并利用中国 270 个城市相关面板数据，进一步构建空间面板杜宾模型，从实证上检验了绿色创新对经济转型发展的城市空间效应，得出如下结论。

10.1　结论

（1）从新兴古典经济学理论分析结果来看，分工深化主要从技术创新和绿色发展两个侧面起作用。分工结构演进引起的技术创新和黑色分工向绿色分工转变带来的绿色发展形成合力，协同推进绿色创新目标的实现，而绿色创新在解决社会主要矛盾、适应经济发展阶段、引领全球化进程等方面发挥着重要作用，推动实现经济转型发展。在交易效率较低的分工演进初期，尽管交易效率提升能够推动分工演进水平提高，但经济主体选择的中间技术仍然锁定在传统分工结构，绿色创新分工结构难以在市场上诞生，交易效率对绿色创新的影响可能并不显著，甚至表现为负效应。随着交易效率改进，分工演进达到一定水平后，成本一收益约束会促使经济主体的决策模式由自给自足或者传统分工结构向绿色创新分工结构演进，绿色创新便会伴随着分工演进而产生，交易效率对绿色创新的影响表现为正效应。绿色创新对高质量转型发展水平的影响并非单一线性的，传统型完全分工向创新型完全分工的演变呈螺旋式。一方面，当 $a^* \geqslant 0$ 时，绿色创新对高质量转型发展水平的影响与具体的绿色创新水平有关，绿色创新水平较高（$a > a^*$）时，其对高质量转型发展水平具有抑制作用，传统型完全分工成为一般均衡，而当绿色创新降到较低水平（$a < a^*$）时，其对高质量转型发展水平又具有促进作用，传统型完全分工转向创新型完全分工；另一方面，当 $a^* < 0$ 时，绿色创新对高质量转型发展水平的影响不明显。

(2) 从新经济地理学理论分析结果来看，绿色创新通过融合绿色发展与创新驱动实现环境效益和经济效益双赢，促进城市内经济转型发展，这是现阶段打破传统黑色发展模式，实现城市经济转型发展的基本路径。同时，在空间知识溢出传导下，绿色创新对其他城市经济转型发展水平也具有显著促进作用。总体上，绿色创新会在空间上形成合力，通过城市空间效应助推经济转型发展。这种城市空间效应不能小觑，可为政府推动城市群一体化和经济转型发展提供重要理论支撑。当劳动力在污染治理中的投入超过一定程度时才会有利于环境污染总量的降低，因为此时有效劳动产生的工业制成品的数量大幅减少，加上治污投入大幅增加，势必会缓解环境污染。总的来说，绿色创新能在一定程度上抑制环境污染，从而有利于高质量转型发展。

(3) 从省级行政区门槛实证分析结果来看，绿色创新对经济转型发展的提高具有显著促进作用，但绿色创新对转型发展的贡献率存在阈值，且受分工发展水平的影响。绿色创新对经济转型发展发挥作用并非单一线性的，而是随着分工水平的高低表现出分段特征。绿色创新对经济转型发展在低等分工水平下的促进作用较高，在中等分工水平下促进作用减弱，当达到高等分工水平时促进作用最强且最为显著，其他控制变量也不同程度地对转型发展产生影响。

（4）从城市空间实证结果来看，经济转型发展呈现出显著的空间关联性，一个地区经济转型发展水平的提升受到其他城市经济转型发展的空间溢出效应影响，且该效应表现为显著的正向促进作用。此外，这种空间正相关性在研究期间内表现出波动式增长趋势，局域自相关检验中的莫兰散点图分布情况也佐证了此结论。从城市内部层面来看，绿色创新依托绿色发展与创新驱动两条途径对经济转型发展具有显著促进作用。从城市间层面来看，绿色创新依托知识溢出效应在空间维度上的传导对相邻城市的经济转型发展水平具有促进作用，但促进作用并不明显。

10.2　政策建议

（1）加大绿色创新发展力度，使绿色创新成为驱动转型发展的关键动力。创新是发展的第一动力，但新的历史时期需要新的创新，需要有别于传统创新的绿色创新。我们不能撇开创新谈绿色，也不能撇开绿色谈创新，而是要在保护好“绿水青山”的基础上创新出高质量的科技供给，要讲究经济绩效，更不能忽略环境绩效，这也是经济转型发展的内在要求。企业是绿色创新的主体，政府要为企业进行绿色创新活动提供良好的环境，鼓励和引导企业加大在绿色创新领域的研发与应用，保护企业的绿色创新成果，充分发挥绿色创新的“乘数效应”，促进制造业迈向全球价值链中高端，推动经济转型发展。通过“互联网+”“中国制造 2025”等一系列战略的实施，大力培育战略性新兴产业，同时要在全社会营造绿色创新的良好氛围，加大对公众的宣传力度，在增强公众的环保意识和创新意识、健全绿色低碳循环发展的经济体系等方面下功夫，形成全社会共同推进绿色创新以驱动经济往高质量层次发展的新局面。

（2）深化分工提升转型发展，发挥市场在资源配置中的决定性作用，充分发挥绿色创新的促进作用。理论和实证结果均表明，绿色创新是实现经济转型发展的重要推动力量，但是绿色创新对经济转型发展起作用需要与一定的分工水平相匹配，低等分工水平会显著抑制经济转型发展，只有将分工提高到较高水平，才能发挥绿色创新的最大作用，更有利于实现经济转型发展。而分工水平取决于分工带来的好处与分工产生的交易费用之间的两难折中。因此，政府应加快基础设施建设，完善市场交易的各种软、硬件，维持公平高效的交易秩序，降低交易费用，提高交易效率，进而促进分工发展，通过资本、教育、研发等投入与一定的分工结构相融合提升转型发展。在分工演进的过程中，应鼓励企业坚持“工匠精神”，走专业化发展之路，并注意引导分工往绿色、完全分工方向演进，充分发挥企业自身比较优势，形成在绿色产品和服务领域的核心竞争力，提高我国在全球价值链分工中的地位，促进转型发展迈上新台阶。此外，经济学鼻祖亚当·斯密认为，市场在资源配置中是最具效率的。市场这只“看不见的手”通过价格机制，实现产品供求之间的有效匹配，淘汰过剩产能、清理无效供给。而新时代人们对高品质生活的需求也使得企业加大了对高品质产品和服务的供给，经济转型发展在不断完善高效的市场经济下有序推进。但是市场也存在失灵的时候，需要辅之以政府这只“看得见的手”进行调整，通过制定和完善相关政策制度，打击有悖于经济转型发展的行径。此外，政府要适当提高环境规制强度，督促企业自主进行绿色转型，提高产品和服务的品质，使“中国制造”精益求精。要在引进来和走出去的同时，注重对高质量人才、技术、设备的引进，避免沦为发达国家的“污染天堂”，并且要制定相关防治政策，避免绿色创新知识和技术的外溢。要加大对教育领域的投入，培育一大批高水平的绿色创新人才，激发高素质人才的创新活力，弥补“人口红利”消失的不足，使之成为推动经济转型发展的新动力。

（3）充分发挥国家顶层设计优势，加快构建围绕转型发展的城市绿色创新政策。第一，当前我国城市总体的绿色创新和转型发展均处于较低水平，新的经济增长方式与增长动力的转换仍需要时间。因此，一方面国家要制定和实施切实可行的奖惩机制，在逐步加大环境规制倒逼绿色创新的前提下，创新财政税收、绿色金融、政府购买等绿色政策，激发城市总体转型发展活力；另一方面，应从激发企业绿色创新动机出发，完善绿色创新法律法规体系，进一步提升企业进行技术研发和设备升级的积极性，同时加大绿色创新的宣传和推广力度，从而更好地服务于经济转型发展总目标。第二，完善城市内绿色创新基础设施条件，强化绿色创新激励机制。地方政府应树立并深化城市绿色创新理念，制定和落实具有地方特色的城市绿色创新战略，尤其要加大相关领域的基础设施投资和建设力度，为绿色创新战略顺利落地提供良好的外部环境。同时，由于城市经济转型发展离不开城市内绿色创新能力和水平的提升，地方政府应大力推进实质性绿色政策，扶持绿色创新转型企业，推动城市内绿色创新的整体步伐，推动城市绿色创新水平尽快脱离低水平区域，助推城市经济转型发展水平整体跳跃到较高水平或者高水平阶段。第三，深化城市间“网络效应”和“人才流动效应”，推进形成城市间绿色创新协调机制。加速城市间信息网络互联互通建设力度，构建城市间高层次绿色创新专家流动机制，助推城市间绿色创新知识共享平台一体化建设，构建绿色创新知识传播和人才流动的良好氛围，促进绿色创新显性知识和隐性知识的有效吸收，促进城市群总体经济转型发展水平共同提升。政府主导的一体化发展战略是区域协同共赢发展的重要途径，通过实施和深化长三角、珠三角和京津冀等区域一体化战略，加强城市间政策协调、资源信息共享，加快形成城市群经济转型发展共赢的城市间协调机制。

参考文献

[1]Albrizio S, Kozluk T, Zipperer V. Environmental policies and productivity growth: Evidence across industries and firms[J]. Journal of Environmental Economics and Management, 2017,81(3):209-226.

[2]Bruce E Hansen. Threshold effects in non-dynamic panels:Estimation, testing, and inference[J]. Journal of Econometrics,1999,93(2):345-368.

[3]Beise-Zee M,Rennings K. Lead markets and regulation:a framework for analyzing the international diffusion of environmental innovation[J]. Economics, 2005,52(1):5-17.

[4]Bernauer T, Koubi V. States as providers of public goods: How does government size affect environmental quality? [J]. Social Science Electronic Publishing,2006.

[5]Berrone P,Fosfuri A,Gelabert L. Necessity as the mother of green inventions:institutional pressures and green innovations[J]. Strategic Managemnet Journal,2013,34(8):891-909.

[6]Baldwin R, Forsld R, Martin P, et al. Economic Geography and Public Policy[M]. Princeton University Press,2011.

[7]Barla Philippe,Gilbert Gonthier Mathieu,Lopez Castro Marco Antonio, et al. Eco-driving training and fuel consumption: Impact, heterogeneity and sustainability[J]. Energy Economics,2015,62.

[8]Charter C. Sustainable innovation: Key conclusions from sustainable innovation[R]. Paper Presented at the Conferences 2006 Organized by the Centre for Sustainable Development, University College for the Creative Arts, 2007.

[9]Costantint V, Mazzanti M. On the green and innovative side of trade competitiveness? The impact of environmental policies and innovation on EU exports[J]. Research Policy, 2012, 41(1):132-153.

[10]Cooke P N, Braczyk H J, Heidenreieh M H. Regional innovation systems: the role of governance in the globalized world [M]. London: UCL Press,1996.

[11]Carrti N,Flores C E, Innes R, et al. Environmental innovation and environmental performance[J]. Journal of Environmental Economics and Management, 2010,59(1):27-42.

[12]Dong L, Gu F, Fujita T, et al. Uncovering opportunity of Low-Carbon city promotion with industrial system innovation: Case study on industrial symbiosis projects in China[J]. Energy Policy, 2014,65:388-397.

[13]Darnall N, Henriques I, Sadorsky P. Adopting proactive environmental strategy: The influence of stakeholders and firm size[J]. Journal of Management Studies, 2010,47 (5):1072-1094.

[14]Driessen P H, Hillebrand B , Kok R A W , et al. Green new product development: The pivotal role of product greenness[J]. IEEE Transactions on Engineering Managemen,2013,60(2):315-326.

[15]Duranton G. Urban evolutions:The fast, the slow, and the still [J]. American Economic Review, 2007, 97 (1) :197-221.

[16] European Commission. Environmental Technology Action Plan (Eco AP) [EB/OL]. http://eurlex. europa. eu/Lex Uri Serv/Lex UriServ. do? uri= COM: 2011:0899: FIN:EN:PDF,2011-12-15/2016-07-20.

[17]Elhorst P. Matlab software for spatial panels[J]. International Regional Science Review,2014,37(3):389-405.

[18]Elhorst J P. Specification and estimation of spatial panel data models

[J]. International Regional Science Review, 2003, 26(3):244-268.

[19]Eiadaty, Kelly A, Roche F, et al. Green and competitive? An empirical test of the mediating role of environmental innovation strategy[J]. Journal of World Business,2008,43(2):131-145.

[20]Edgar Malone Hoover. The location of economic activity[M]. McGraw-Hill Book Co. ,1948:102-122.

[21]Foster C, Green K. Greening the innovation process[J]. Business Strategy and the Environment, 2000, 9(2):287-303.

[22]Forslid R, Ottaviano G I P. Trade and agglomeration: An analytically solvable case[R]. Unpublished Manuscript, 1999.

[23]Foxon T, Andersen M M. The greening of innovation systems for eco-innovation: Towards an evolutionary climate mitigation policy[R]. Paper Presented at DRUID Summer Conference 2009 on "Innovation, Strategy and Knowledge", 2009.

[24]Gray W B, Shadbegian R J. Pollution abatement costs, regulation, and plant-level productivity[R]. NBER Working Paper,W4994, 1995.

[25]Grossman G M, Krueger A B. Economic growth and the environment[J]. Quarterly Journal of Economics, 1995,110(2):353-377.

[26]Hart S L. Anatural resource-based view of the firm[J]. Academy of Management Review, 1995, 20 (5):986-1014.

[27]Horbach J. Determinants of environmental innovations—New evidence from German panel data sources[J]. Research Policy, 2008, 37(1):163-173.

[28]Lynn G, Brewster-Wingard,Thomas M Scott,et al. Reinterpretation of the peninsular Florida Oligocene:An integrated stratigraphic approach[J]. Sedimentary Geology,1997,108(1).

[29]Jaffe A B, Newell R G, Stavins R N. Technology policy for energy and the environment[J]. Innovation Policy and the Economy,2004, 4(1):35-68.

[30]Johnstone N. Environmental policy and corporate behaviour[R]. Report for the OECD Conference on "Public Environmental Policy and the Private

Firm", 2005.

[31]Jorgenson D W. Surplus agricultural labour and the development of a dual economy[J]. Oxford Economic Papers,1967, 19 (3) :288-312.

[32]Kaoru Tone. A slacks-based measure of super-efficiency in data envelopment analysis[J]. European Journal of Operational Research,2002,143(1).

[33]Krugman P. Increasing returns & economic geography[J]. Journal of Political Economy, 1991(99):183-199.

[34]Kunapatarawong, Rasi, Martinez-Ros. Towards green growth: How does green innovation affect employment? [J]. Research Policy A Journal Devoted to Research Policy Research Management & Planning, 2016, 45 (6): 1218-1232.

[35]Kern, Florian. Engaging with the politics, agency and structures in the technological innovation systems approach[J]. Environmental Innovation & Societal Transitions, 2015:67-69.

[36]Lesage J, Pace R K. Introduction to Spatial Econometrics[M]. New York:CRC Press, 2009.

[37]Laursen K, Salter A. Open for innovation: The role of openness in explaining innovation performance among UK manufacturing firms[J]. Strategic Management Journal, 2006, 27 (1) :131-150.

[38]Lucas R. On the mechanics of economic development[J]. Journal of Monetary Economics,1988,22(1):3-42.

[39]Li D, Zheng M , Cao C , et al. The impact of legitimacy pressure and corporate profitability on green innovation: Evidence from China top 100[J]. Journal of Cleaner Production, 2017, 141:41-49.

[40]Mohr R D. Technical change, external economies, and the Porter hypothesis[J]. Journal of Environmental Economics and Management, 2002, 43(1): 158-168.

[41]Markey S, Halseth G, Manson D. The struggle to compete:From comparative to competitive advantage in northern British columbia [J]. International

Planning Studies, 2006, 11 (1) :19-39.

[42]Ottaviano G I P. Monopolistic competition, trade, and endogenous spatial fluctuations[J]. Regional Science and Urban Economics, 1996, 31(1):51-77.

[43]Ohlin B. Interregional and International Trade[M]. Cambridge, 1933: 657-666.

[44]Oltra V,Saint Jean M. Sectoral systems of environmental innovation:an application to the French automotive industry[J]. Technological Forecasting and Social Change,2009,76(4):567-583.

[45]Porter M E, Van der Linde C. Toward a new conception of the environment competitiveness relationship[J]. Journal of Economic Perspectives, 1995, 9 (1):97-118.

[46]Page S E. Path dependence[J]. Quarterly Journal of Political Science, 2006, 1 (1) :87-115.

[47]Rennings K. Redefining innovation eco-innovation research and the contribution from ecological economics[J]. Ecological Economics, 2000, 32(2): 319-332.

[48]Rennings K, Markewitz P, Vegele S. How clean is clean incremental versus radical technological change in coal-fired power plants[J]. Journal of Evolutionary Economics, 2016, 2(23):331-355.

[49]Rennings K. Towards a theory and policy of eco-innovation: Neoclassical and (co-) evolutionary perspectives[R]. ZEW Discussion Paper, Center for European Economic Research (ZEW), Mannheim, 1998:98-124.

[50]Rizos V, Behrens A, Taranic I. Measuring progress in eco-innovation [J]. Ceps Papers, 2018.

[51]Robert Solow. A note on the price level and interest rate in a growth model[J]. The Review of Economic Studies,1953,21(1):74-79.

[52]Ross D, Usher P. From the roots up:Economic development as if community mattered[M]. Toronto:James Lorimer& Company, 1986:55-68.

[53]Sharma S , Henriques I . Stakeholder influences on sustainability prac-

tices in the Canadian forest products industry[J]. Strategic Management Journal, 2005, 26(2):159-180.

[54]Stefan Ambec,Jessica Coria. Policy spillovers in the regulation of multiple pollutants [J]. Journal of Environmental Economics and Management, 2018,87.

[55]Tone K,Sahoo B K. Degree of scale economies and congestion:A unified DEA approach[J]. European Journal of Operational Research, 2004,158 (3) : 755-772.

[56]Van de Ven A, Polley D, Garud S,et al. The innovation journey [M]. New York: Oxford University Press, 2007.

[57] Velculescu D. Intergenerational habits, fiscal policy, and welfare [J]. Topics in Macroeconomics,2004,4(1):1129.

[58]Venables A J. Productivity in cities:self-selection and sorting [J]. Journal of Economic Geography,2011,11(2):241-251.

[59]Yang X,Shi H. Specialization and product diversity [J]. American economic review,1992,82(2):392-398.

[60]阿瑟·刘易斯．经济增长理论[M]. 北京:机械工业出版社,2015.

[61]陈诗一,陈登科．雾霾污染、政府治理与经济转型发展[J]. 经济研究, 2018,53(2):20-34.

[62]陈劲,刘景江,杨发明．绿色技术创新审计指标测度方法研究[J]. 科研管理,2002(2):64-71.

[63]陈冲,吴炜聪．消费结构升级与经济转型发展:驱动机理与实证检验[J]. 上海经济研究,2019(6):59-71.

[64]陈昌兵．新时代我国经济高质量发展动力转换研究[J]. 上海经济研究, 2018(5):16-24,41.

[65]陈德余,汤勇刚,张绍合．产业结构转型升级、金融科技创新与区域经济发展实证分析[J]. 科技管理研究,2018,38(15):105-110.

[66]陈艳春,韩伯棠,周颖．绿色技术创新驱动经济转型的策略研究[J]. 河北经贸大学学报,2019,40(3):94-100.

[67]蔡昉．中国经济改革效应分析——劳动力重新配置的视角[J]．经济研究，2017(7)：4-17.

[68]崔蓉，费锦华，孙亚男．中国省际绿色创新生产率的变动及其空间溢出效应研究[J]．宏观经济研究，2019(6)：132-145.

[69]曹泽，朱小婉，金秀芳，等．经济增长中的人力资本结构与创新驱动研究[J]．地域研究与开发，2019，38(5)：1-6.

[70]冯志军，陈伟，杨朝均．环境规制差异、创新驱动与中国经济绿色增长[J]．技术经济，2017，36(8)：61-69.

[71]大卫・李嘉图．政治经济学与赋税原理[M]．北京：光明日报出版社，2009.

[72]戴翔．主动扩大进口：高质量发展的推进机制及实现路径[J]．宏观质量研究，2019，7(1)：60-71.

[73]丁志帆．数字经济驱动经济高质量发展的机制研究：一个理论分析框架[J]．现代经济探讨，2020(1)：85-92.

[74]方大春，马为彪．中国省际转型发展的测度及时空特征[J]．区域经济评论，2019(2)：61-70.

[75]付帼，卢小丽，武春友．中国省域绿色创新空间格局演化研究[J]．中国软科学，2016(7)：89-99.

[76]傅家骥．技术创新学[M]．北京：清华大学出版社，1999.

[77]逄锦聚，林岗，杨瑞龙，等．促进经济高质量发展笔谈[J]．经济学动态，2019(7)：3-19.

[78]龚新蜀，王曼，张洪振．FDI、市场分割与区域生态效率：直接影响与溢出效应[J]．中国人口・资源与环境，2018，28(8)：95-104.

[79]高小明，郭剑雄．城乡经济结构转型的国际经验及启示[J]．经济纵横，2020(1)：123-132.

[80]辜胜阻，吴华君，吴沁沁，等．创新驱动与核心技术突破是转型发展的基石[J]．中国软科学，2018(10)：9-18.

[81]郭砚莉，汤吉军．经济新常态下国有企业绿色发展研究[J]．长白学刊，2017(5)：94-100.

[82]郭斌．绿色需求视角的企业绿色发展动力机制研究[J]．技术经济与管理研究，2014(8)：43-46.

[83]韩晶．中国区域绿色创新效率研究[J]．财经问题研究，2012(11)：130-137.

[84]黄凌云，张宽．贸易开放提升了中国城市创新能力吗？——来自产业结构转型升级的解释[J]．研究与发展管理，2020，32(01)：64-75.

[85]华坚，胡金昕．中国区域科技创新与经济转型发展耦合关系[J]．科技进步与对策，2019(8)：19-27.

[86]华振．中国绿色创新绩效研究——与东北三省的比较分析[J]．技术经济，2011，30(7)：30-34，41.

[87]侯为民．正确认识中国经济转型发展阶段的微观基础[J]．当代经济研究，2018(12)：19-25，99.

[88]侯纯光，程钰，任建兰，等．科技创新影响区域绿色化的机理——基于绿色经济效率和空间计量的研究[J]．科技管理研究，2017，37(8)：250-259.

[89]邝劲松．经济发展逻辑的嬗变与创新：从以 GDP 为中心转向以人为中心[J]．社会科学，2019(9)：51-60.

[90]邝嫦娥，路江林．环境规制对绿色技术创新的影响研究——来自湖南省的证据[J]．经济经纬，2019，36(2)：126-132.

[91]邝嫦娥，文泽宙．隐性经济如何影响绿色创新——机理分析与实证检验[J]．经济理论与经济管理，2019(6)：27-38.

[92]罗伯特·J. 巴罗．经济增长的决定因素[M]．北京：中国人民大学出版社，2004.

[93]李平，付一夫，张艳芳．生产性服务业能成为中国经济高质量增长新动能吗[J]．中国工业经济，2017(12)：5-21.

[94]李辉．大数据推动我国经济高质量发展的理论机理、实践基础与政策选择[J]．经济学家，2019(3)：52-59.

[95]李邃，江可申．高技术产业科技能力与产业结构优化升级[J]．科研管理，2011，32(2)：44-51，66.

[96]李翔，邓峰．科技创新与产业结构优化的经济增长效应研究——基于动

态空间面板模型的实证分析[J]. 经济问题探索,2018(6):144-154.

[97]李永友. 经济发展质量的实证研究:江苏的经验——基于经济发展质量指标体系的分析[J]. 财贸经济,2008(8):113-118.

[98]李旭. 绿色创新相关研究的梳理与展望[J]. 研究与发展管理,2015,27(2):1-11.

[99]李华晶. 转型发展的企业绿色创新研究[J]. 企业经济,2018,37(9):5-12,2.

[100]李恕洲,何刚. 能源消费、科技创新及结构转型对中国经济增长的刺激效应[J]. 辽宁工业大学学报(社会科学版),2020,22(1):28-31.

[101]李石. 科技创新驱动农业经济发展方式转变研究[J]. 农业经济,2017(4):20-21.

[102]刘章生,宋德勇,弓媛媛,等. 中国制造业绿色技术创新能力的行业差异与影响因素分析[J]. 情报杂志,2017,36(1):194-200.

[103]刘佳,宋秋月. 中国旅游产业绿色创新效率的空间网络结构与形成机制[J]. 中国人口·资源与环境,2018,28(8):127-137.

[104]刘友金,周健."换道超车":新时代经济转型发展路径创新[J]. 湖南科技大学学报(社会科学版),2018,21(1):49-57.

[105]刘锡良,文书洋. 中国的金融机构应当承担环境责任吗?——基本事实、理论模型与实证检验[J]. 经济研究,2019,54(3):38-54.

[106]刘志彪. 理解转型发展:基本特征、支撑要素与当前重点问题[J]. 学术月刊,2018,50(7):39-45,59.

[107]林光平,龙志和,吴梅. 我国地区经济收敛的空间计量实证分析:1978—2002年[J]. 经济学(季刊),2005(S1):67-82.

[108]林鹭航,陈若芳,徐淑云. 制造业绿色技术创新与经济发展协同演化:内在机理与实证测度[J]. 中共福建省委党校学报,2019(3):103-112.

[109]卢娜,王为东,王淼,等. 突破性低碳技术创新与碳排放:直接影响与空间溢出[J]. 中国人口·资源与环境,2019,29(5):30-39.

[110]马剑锋,王慧敏,佟金萍. 技术进步与效率追赶对农业用水效率的空间效应研究[J]. 中国人口·资源与环境,2018,28(7):36-45.

[111]马歇尔．经济学原理[M]. 北京:商务印书馆,1964:279-298.

[112]马茹,罗晖,王宏伟,等．中国区域经济转型发展评价指标体系及测度研究[J]. 中国软科学,2019(7):60-67.

[113]曼瑟尔·奥尔森．集体行动的逻辑[M]. 上海:上海人民出版社,2003:25-30.

[114]普雷维什．外围资本主义:危机与改造[M]. 北京:商务印书馆,2015.

[115]彭文斌,胡孟琦,路江林．“绿水青山”理念的绿色分工演进与实践路径[J]. 湖南科技大学学报(社会科学版),2018,21(4):120-124.

[116]彭文斌,文泽宙,邝嫦娥．中国城市绿色创新空间格局及其影响因素[J]. 广东财经大学学报,2019,34(1):25-37.

[117]彭文斌,路江林．环境规制与绿色创新政策:基于外部性的理论逻辑[J]. 社会科学,2017(10):73-83.

[118]齐绍洲,林屾,崔静波．环境权益交易市场能否诱发绿色创新:基于我国上市公司绿色专利数据的证据[J]. 经济研究,2018,53(12):129-143.

[119]乔彬,张斌,王肖潇．企业技术创新效率、科技成果转化率与区域收入差距[J]. 软科学,2016,30(10):16-21.

[120]钱丽,王文平,肖仁桥．共享投入关联视角下中国区域工业企业绿色创新效率差异研究[J]. 中国人口·资源与环境,2018,28(5):27-39.

[121]钱丽,肖仁桥,陈忠卫．我国工业企业绿色技术创新效率及其区域差异研究——基于共同前沿理论和 DEA 模型[J]. 经济理论与经济管理,2015(1):26-43.

[122]渠慎宁．区块链助推实体经济高质量发展:模式、载体与路径[J]. 改革,2020(1):39-47.

[123]任保平．新时代转型发展的政治经济学理论逻辑及其现实性[J]. 人文杂志,2018(2):26-34.

[124]任保平,文丰安．新时代中国转型发展的判断标准、决定因素与实现途径[J]. 改革,2018(4):5-16.

[125]任保平．经济增长质量:经济增长理论框架的扩展[J]. 经济学动态,2013(11):45-51.

[126]任保平，李禹墨．新时代我国高质量发展评判体系的构建及其转型路径[J]．陕西师范大学学报(哲学社会科学版)，2018，47(3)：105-113.

[127]任保平，郭晗．经济发展方式转变的创新驱动机制[J]．学术研究，2013(2)：69-75，159.

[128]舒尔茨．改造传统农业[M]．北京：商务印书馆，2006.

[129]师博，张冰瑶．全国地级以上城市经济转型发展测度与分析[J]．社会科学研究，2019(3)：19-27.

[130]师博．人工智能助推经济高质量发展的机理诠释[J]．改革，2020(1)：30-38.

[131]钞小静，惠康．中国经济增长质量的测度[J]．数量经济技术经济研究，2009，26(6)：75-86.

[132]尚勇敏，曾刚．科技创新推动区域经济发展模式转型：作用和机制[J]．地理研究，2017，36(12)：2279-2290.

[133]孙振清，陈文倩，兰梓睿．基于熵权 TOPSIS 法的区域绿色创新能力研究[J]．企业经济，2019，38(2)：20-26.

[134]邵帅，李欣，曹建华，等．中国雾霾污染治理的经济政策选择——基于空间溢出效应的视角[J]．经济研究，2016，51(9)：73-88.

[135]宋明顺，张霞，易荣华，等．经济发展质量评价体系研究及应用[J]．经济学家，2015(2)：35-43.

[136]苏永伟，陈池波．经济高质量发展评价指标体系构建与实证[J]．统计与决策，2019，35(24)：38-41.

[137]唐松，赖晓冰，黄锐．金融科技创新如何影响全要素生产率：促进还是抑制？——理论分析框架与区域实践[J]．中国软科学，2019(7)：134-144.

[138]童纪新，王青青．中国重点城市群的雾霾污染、环境规制与经济转型发展[J]．管理现代化，2018(6)：59-61.

[139]陶静，胡雪萍．环境规制对中国经济增长质量的影响研究[J]．中国人口·资源与环境，2019，29(6)：85-96.

[140]魏婕，任保平．中国各地区经济增长质量指数的测度及其排序[J]．经济学动态，2012(4)：27-33.

[141]魏蓉蓉．金融资源配置对经济转型发展的作用机理及空间溢出效应研究[J]．西南民族大学学报(人文社科版)，2019，40(7)：116-123.

[142]王淑英，李博博，张水娟．基于空间计量的环境规制、空间溢出与绿色创新研究[J]．地域研究与开发，2018，37(2)：138-144.

[143]王建康，谷国锋．土地要素对中国城市经济增长的贡献分析[J]．中国人口·资源与环境，2015，25(8)：10-17.

[144]王朝．以创新驱动推进绿色发展[N]．中国社会科学报，2018-10-17(004).

[145]王廷惠．以新发展理念全面推动转型发展[N]．中国社会科学报，2018-04-11(004).

[146]王为东，卢娜，张财经．空间溢出效应视角下低碳技术创新对气候变化的响应[J]．中国人口·资源与环境，2018，28(8)：22-30.

[147]王健秋．绿色技术创新对产业经济增长的影响研究——以湖北省为例[J]．特区经济，2020(1)：36-38.

[148]王遥，潘冬阳，张笑．绿色金融对中国经济发展的贡献研究[J]．经济社会体制比较，2016(6)：33-42.

[149]王旭，杨有德．企业绿色技术创新的动态演进：资源捕获还是价值创造[J]．财经科学，2018(12)：53-66.

[150]王旭，秦书生，王宽．企业绿色技术创新驱动绿色发展探析[J]．技术经济与管理研究，2014(8)：26-29.

[151]汪斌，董赟．从古典到新兴古典经济学的专业化分工理论与当代产业集群的演进[J]．学术月刊，2005(2)：29-36，52.

[152]汪应洛，刘子晗．中国从制造大国迈向制造强国的战略思考[J]．西安交通大学学报(社会科学版)，2013，33(6)：1-6.

[153]吴超，杨树旺，唐鹏程，等．中国重污染行业绿色创新效率提升模式构建[J]．中国人口·资源与环境，2018，28(5)：40-48.

[154]吴传清，邓明亮．科技创新、对外开放与长江经济带高质量发展[J]．科技进步与对策，2019，36(3)：33-41.

[155]向国成，邝劲松，文泽宙．研发投入提升经济发展质量的分工门槛效应

研究——来自中国的经验证据[J]. 世界经济文汇,2018(4):84-100.

[156]向国成,谌亭颖,钟世虎,等．分工、均势经济与共同富裕[J]. 世界经济文汇,2017(5):40-54.

[157]向国成,邝劲松,邝嫦娥．绿色发展促进共同富裕的内在机理与实现路径[J]. 郑州大学学报(哲学社会科学版),2018,51(6):71-76.

[158]谢杰,刘学智．直接影响与空间外溢:中国对非洲农业贸易的多边阻力识别[J]. 财贸经济,2016,37(1):119-132.

[159]许庆瑞,王伟强,吕燕．中国企业环境技术创新研究[J]. 中国软科学,1995(5):16-20.

[160]殷醒民．转型发展指标体系的五个维度[N]. 文汇报,2018-02-06(012).

[161]杨勇,丁雪,赵奇伟．中国地区宜居度的数量测度与空间效应[J]. 经济评论,2019(4):49-61.

[162]杨武,杨淼．中国科技创新与经济发展耦合协调度模型[J]. 中国科技论坛,2016(03):30-35.

[163]杨立生,王倩,柴鑫．基于 SBM-DEA 模型的企业绿色持续创新效率研究[J]. 云南财经大学学报,2018,34(5):102-112.

[164]杨朝均,杨文珂,赵梓霖．中国区域绿色创新影响因素研究[J]. 华东经济管理,2018,32(9):95-102.

[165]杨朝均,刘立菊．中国低碳创新的地区差异及空间收敛性研究[J]. 技术经济,2020,39(1):112-120.

[166]杨小凯．经济学:新兴古典与新古典框架[M]. 北京:社会科学文献出版社,2003.

[167]杨小凯,张永生．新兴古典发展经济学导论[J]. 经济研究,1999(7):67-77.

[168]印浩,田贵良,钱晓燕．绿色工艺创新扩散波动对经济增长的冲击[J]. 技术经济,2019,38(11):109-116.

[169]亚当·斯密．国民财富的性质和原因[M]. 北京:中央编译出版社,2012.

[170]叶初升,李慧．以发展看经济增长质量:概念、测度方法与实证分析——

种发展经济学的微观视角[J]. 经济理论与经济管理,2014(12):17-34.

[171]于成学,覃毅延. 资源、环境约束下的工业企业经济效益增长新模式——绿色物流一体化管理[J]. 生态经济,2008(11):110-113,121.

[172]应瑞瑶,周力. 资源禀赋与绿色创新——从中国省级数据的经验看"荷兰病"之破解[J]. 财经研究,2009(11):92-102.

[173]郑玉歆. 全要素生产率的再认识——用 TFP 分析经济增长质量存在的若干局限[J]. 数量经济技术经济研究,2007(9):3-11.

[174]赵黎晨,李晓飞,候璠,等. 河南省绿色创新与经济增长关系的实证分析[J]. 经济论坛,2017(7):21-24.

[175]赵华林. 转型发展的关键:创新驱动、绿色发展和民生福祉[J]. 中国环境管理,2018,10(4):5-9.

[176]赵剑波,史丹,邓洲. 高质量发展的内涵研究[J]. 经济与管理研究,2019,40(11):15-31.

[177]张振刚,白争辉,陈志明. 绿色创新与经济增长的多变量协整关系研究——基于 1989—2011 年广东省数据[J]. 科技进步与对策,2014,31(10):24-30.

[178]张士杰,饶亚会. 基于组合评价的经济发展质量测度与时序分析——来自中国 1978—2013 年数据的实证研究[J]. 财贸研究,2016,27(3):10-17.

[179]张钢,张小军. 国外绿色创新研究脉络梳理与展望[J.]外国经济与管理,2011,33(8):25-32.

[180]张钢,张小军. 绿色创新研究的几个基本问题[J]. 中国科技论坛,2013(4):12-15.

[181]张江雪,朱磊. 基于绿色增长的我国各地区工业企业技术创新效率研究[J]. 数量经济技术经济研究,2012,29(2):113-125.

[182]张晋光. 太原市工业经济绿色转型研究[J]. 生态经济,2011(2):127-131.

[183]张震,刘雪梦. 新时代我国 15 个副省级城市经济高质量发展评价体系构建与测度[J]. 经济问题探索,2019(6):20-31,70.

[184]周振华. 经济转型发展的新型结构[J]. 上海经济研究,2018(9):31-34.

[185]周亮,车磊,孙东琪. 中国城镇化与经济增长的耦合协调发展及影响因

素[J]. 经济地理,2019,39(6):97-107.

[186]周力．中国绿色创新的空间计量分析[J]. 资源科学,2010(5):932-939.

[187]朱承亮,岳宏志,师萍．环境约束下的中国经济增长效率研究[J]. 数量经济技术经济研究,2011,28(5):3-20,93.

[188]朱子云．中国经济增长质量的变动趋势与提升动能分析[J]. 数量经济技术经济研究,2019,36(5):23-43.

[189]朱建峰,郁培丽,石俊国．绿色技术创新、环境绩效、经济绩效与政府奖惩关系研究——基于集成供应链视角[J]. 预测,2015,34(5):61-66.

[190]曾江洪,刘诗绮,李佳威．多元驱动的绿色创新对企业经济绩效的影响研究[J]. 工业技术经济,2020,39(1):13-22.